Auguste PAWLOWSKI et Albert RADOUX

Les Crues de Paris

(VIᵉ — XXᵉ SIÈCLE)

CAUSES, MÉCANISME, HISTOIRE, DANGERS

LA LUTTE CONTRE LE FLÉAU

AVEC 6 GRAVURES ET 6 CARTES ET CROQUIS

BERGER-LEVRAULT ET Cⁱᵉ, ÉDITEURS

PARIS | NANCY
RUE DES BEAUX-ARTS, 5-7 | RUE DES GLACIS, 18

1910

Prix : 3 francs

Les Crues de Paris

Auguste PAWLOWSKI et Albert RADOUX

Les Crues de Paris

(VIe — XXe SIÈCLE)

CAUSES, MECANISME, HISTOIRE, DANGERS

LA LUTTE CONTRE LE FLÉAU

AVEC 6 GRAVURES ET 6 CARTES ET CROQUIS

BERGER-LEVRAULT ET Cie, ÉDITEURS

PARIS | NANCY
RUE DES BEAUX-ARTS, 5-7 | RUE DES GLACIS, 18

1910

AVERTISSEMENT

On a dit qu'il n'y avait rien de nouveau sous le soleil. Ceci est vrai peut-être plus encore dans le domaine de la nature, où tout est un perpétuel recommencement. La crue de 1910 a été précédée de phénomènes analogues, au cours des siècles précédents. Elle sera peut-être suivie d'inondations non moins inattendues, les mêmes causes devant avoir les mêmes résultats. Si l'on considère attentivement les documents du passé, on peut remarquer que les mêmes quartiers ont été inondés en 1658, en 1740, en 1802 et en 1910. Les abords de la place du Havre ne furent pas épargnés en 1802. Pourtant le souterrain du Nord-Sud n'avait pas encore troué le sous-sol. Mais des conditions géologiques permanentes devaient engendrer, à travers le temps, des infiltrations de même caractère.

De la comparaison des faits on peut déduire que nos aïeux ont souffert, comme nous, des oscillations du fleuve parisien, que nos enfants pourront aussi en être victimes. Il convient donc de rechercher quelles raisons mettent la capitale à la merci du caprice de l'eau, et, *ceci posé, quelles mesures peuvent limiter, pour l'avenir, les fantaisies de la rivière de Seine.*

L'ouvrage que nous publions aujourd'hui tend à répondre à ce triple objet : retracer l'histoire des crues séquaniennes, en exposer l'origine et le mécanisme, attirer l'attention sur les nécessités de ne pas suivre les errements du passé. Instruire et faire réfléchir, déterminer à une action immédiate et méthodique, telle est la tâche que nous nous étions fixée. Le lecteur nous dira si nous y avons réussi.

Les Crues de Paris

CHAPITRE I

LE BASSIN DE LA SEINE, BASSIN DE PARIS

Si l'épithète de *bassin*, contre laquelle s'est élevé
si énergiquement Karl Ritter, peut être employée
avec exactitude à l'égard d'un fleuve et des eaux qui
s'y associent, c'est, à coup sûr, la Seine qui offre le
bassin le plus parfait et le plus naturellement régulier,
ainsi que l'ont magistralement exposé autrefois Du-
frénoy et Élie de Beaumont, dans leur *Explication
de la carte géologique de France*, et M. Vidal de La
Blache a pu écrire que l'épithète de bassin devait être
exclusivement réservée au bassin de Paris.

Le bassin de la Seine ou de Paris est, en effet, constitué par une série de couches géologiques, emboîtées
les unes dans les autres, comme des cuvettes concentriques, s'abaissant graduellement depuis les hauteurs
de la périphérie, Argonne, plateau de Langres, Côte-

d'Or, jusqu'en un centre qui est Paris, clef de l'hydrographie et des relations commerciales.

Par suite de cette heureuse disposition, Paris est l'aboutissement normal de la vie du bassin, et le bassin de la Seine le *pôle* d'attraction de la France, tandis qu'à la cavité séquanienne s'oppose, comme *pôle répulsif*, le soulèvement du Plateau Central; tant il est vrai que la nature a maintenu les lois de l'équilibre et établi des compensations.

Il résulte de cette situation que l'Oise peut bien augmenter l'ampleur des crues, mais qu'à Paris elles présentent leur forme définitive. Les eaux issant à l'aval de la capitale n'ont donc qu'une importance secondaire quant à l'hydrologie du bassin.

Celui-ci est borné, au nord par la Manche; au nord et au nord-est par les hauteurs du pays de Caux, les collines de Picardie, les Ardennes occidentales, l'Argonne et les remparts qui flanquent le val de Meuse à l'ouest; à l'est, par le plateau de Langres et la Côte-d'Or; au sud, par les redans du Morvan et du Nivernais, le faîte du partage des eaux de la Seine et de la Loire, vers Orléans, les croupes du Perche et de Normandie.

Le centre de la cuvette est occupé par des terrains d'alluvion, qui, sur certains points, retiennent encore les eaux, et forment des nappes aquifères, plus ou moins instables, sur les deux rives du fleuve.

Autour de ce noyau, s'étend une zone de l'étage éocène et tertiaire, qui occupe le département de la

Seine et la plus grande partie de Seine-et-Oise (sauf vers Meulan et l'Isle-Adam). Dans Seine-et-Marne, le crétacé supérieur le dispute au tertiaire. Les cercles concentriques suivants sont déterminés par des terrains crétacés et jurassiques, ces derniers enveloppant le bassin, que limitent au sud des roches primitives (granits du Morvan) et au nord-est les schistes ardennais.

Ces terrains sont, les uns (tertiaire et crétacé) poreux, laissant filtrer les eaux, égalisant leur débit dans leurs cavernes, *perméables* en un mot; les autres *imperméables*, étanches, agglomérant les pluies en une sorte de boue (telle celle qui a donné son nom au pays de Bray), ou les épanchant en ruisseaux superficiels.

Cependant, les terrains perméables à la surface reposent sur des sédiments moins poreux; dans le bassin de la Seine, les couches sont peu épaisses, si bien qu'une nappe d'eau, retenue par le sous-sol étanche, stagne non loin de la vue des habitants, et jaillit, parfois, en gerbes artésiennes, comme à Grenelle.

Les terrains imperméables occupent 19.440 kilomètres carrés, alors que les terrains perméables en couvrent 59.210. Il en résulte que 70 % de l'eau pluviale est absorbée. Cette eau reparaît, en partie, en sources, alimentant des rivières paisibles. Le régime de la Seine serait donc en lui-même assez régulier.

Toutefois, le fleuve reçoit, des zones de terrains

superficiellement étanches, Puisaye, Morvan, etc., des affluents inconstants, comme l'Yonne, grossie de la Cure, venue des granits morvandiaux, du Serain, de l'Armançon et du Cousin, coulant sur des lias et, par suite, descendant en inondations rapides après des averses. Du fait de sa position isolée, le massif granitique et porphyréen du Morvan, dressé au point de convergence des courants aériens remontant les vallées de la Seine, de la Loire, de la Saône et du Rhône, se présente comme un déversoir naturel des hauteurs de l'atmosphère. Les nuages y déchargent leurs pluies, et les ondées y ont parfois la violence des tropiques.

Alors qu'aux sources de la Seine le pluviomètre n'indique annuellement que 60 centimètres, la chute des pluies atteint, dans le Morvan, $1^m 20$. Toute cette eau doit s'écouler à la surface des roches jusqu'au pied des montagnes, où elle rencontre des fissures calcaires, qui l'absorbent.

Les quatre tributaires morvandiaux de la Seine : Yonne, Cure, Serain, Armançon, ont donc tantôt un débit insignifiant, tantôt un afflux liquide, qui vient submerger les campagnes de la plaine.

C'est en vue de régulariser ce débit que les ingénieurs ont barré le lac des Settons, formé par la Cure, et l'ont transformé en réservoir, destiné à alimenter les canaux du Nivernais et de Bourgogne; mais l'Yonne et son système demeurent, surtout en hiver, un facteur essentiel des dénivellements du plan d'eau de la Seine.

Le Loing serait plutôt un régulateur du régime du fleuve, n'étaient les eaux du Fusain qui, de loin en loin, se courroucent et inondent leurs rives, et l'imperméabilisation rapide de son territoire.

La Marne, comme la Seine, serait une rivière paisible. A part la région de ses sources, elle n'arrose guère que des terrains de craie, où la moyenne des pluies est presque insignifiante.

D'Épernay à Meaux, c'est à peine si le pluviomètre enregistre annuellement 40 centimètres, et les averses ne peuvent qu'humecter les profondeurs du sol. On entrevoit rarement le ravinement que produit l'action des eaux à la surface.

La Marne s'abaisse, l'été, à un débit de 3 mètres cubes par seconde. Elle se relève à un débit de 190 mètres cubes quand « donne » son affluent, le grand Morin.

Ce dernier, qui a beaucoup fait parler de lui pendant le dernier sinistre, appartient entièrement au plateau tertiaire, mais sur un socle de lias, et son territoire perméable devient rapidement étanche. La rivière de Coulommiers constitue un véritable petit torrent de 112 kilomètres de longueur. Le petit Morin et le Surmelin offrent le même caractère.

L'Aube ressemble à la Marne. Elle traverse et arrose des formations calcaires aux coupures répétées. Son débit oscille entre 3 mètres cubes l'été et 350 au moment des pluies. Sa régularité ordinaire est troublée par les apports de son affluent, la Superbe, dérivation du grand Morin, comme celui-ci inquiétante pendant la mauvaise saison.

On peut dire, en résumé, que la Seine et ses affluents du crétacé sont des cours d'eau *paisibles*, maintenant un niveau normal, que tendent à bouleverser les torrents morviandiaux.

La Seine doit donc être rangée parmi les fleuves *mixtes,* provenant de rivières fortes, constantes et relativement rares, et de ruisseaux innombrables qui s'unissent en torrents fougueux.

Un service d'informations a été établi par le ministère des travaux publics (1), aux fins d'aviser la navigation et les populations riveraines des soubresauts du grand Morin, de la Marne à Saint-Dizier, à Cumières, près d'Épernay, et à Chalifert, sous Lagny, de la Seine à Montereau, au confluent de l'Yonne, de l'Yonne à Clamecy, du Loing et des rivières du Morvan (Cousin à Avallon, Armançon à Aisy).

Les renseignements recueillis par le service hydrométrique sont communiqués, à Paris, à l'inspection générale de la navigation commerciale et des ports, dépendant de la préfecture de police, laquelle avise les intéressés.

Le débit du fleuve, jamais inférieur à 70 mètres cubes par seconde, s'élève à 150 en eaux moyennes. En 1876, au plus haut point de la crue, la Seine a roulé sous les ponts métropolitains 1.650 mètres cubes

---

(1) Le service d'annonces des crues fut organisé par Belgrand et Georges Lemoine.

(à la cote 6^m 48 du pont de la Tournelle). En 1910, ce débit a dépassé 2.500 mètres cubes. En 1876, on a estimé à 4 milliards 231 millions de mètres cubes le volume d'eau charrié par le fleuve pendant les cinquante-cinq jours de la crue.

Ces chiffres, si considérables, ne sont pourtant que peu de chose comparés aux oscillations de la Loire, ou du Rhône, et même à celles du fleuve séquanien aux premiers temps quaternaires. Le cours d'eau, profond de 25 à 50 mètres, déplaçait, parfois, selon les recherches de Belgrand, 30.000 mètres cubes par seconde, soit le double du débit moyen du Mississipi.

De même, la Marne, qui, dans la préhistoire, a dragué une large vallée. La plaine de Vitry-le-François, cuvette où aboutissent toutes les rivières supérieures du système, en fournit le témoignage. Sur 500 kilomètres carrés, les eaux ont arraché les dépôts crétacés et leur ont substitué des alluvions modernes.

Les phénomènes qui nous semblent prodigieux aujourd'hui dans le régime fluvial ne sauraient être comparés à ceux dus aux rivières de l'ère tertiaire.

La vitesse du courant, calculée à Paris, est de 2 kilomètres à l'heure en temps ordinaire. Elle s'élève à 3 kilomètres, même à 5 en période de crue. Durant la dernière catastrophe, elle a dépassé 10 kilomètres, à la surface, 15 dans les niveaux inférieurs.

Sous certains ponts, les crues déterminent quelquefois des rapides locaux, dont la vitesse est portée à 8 et 10 kilomètres.

Nous devons ajouter que la masse d'eau charriée par le fleuve, laquelle, en 1876, aurait rempli un réservoir occupant toute la superficie de la ville de Paris (7.802 hectares), transporte, à l'état de suspension, une quantité prodigieuse de matières. Pour s'en faire une idée, il suffira de remarquer qu'en temps ordinaire on a relevé pour la Marne un maximum de 515 grammes par mètre cube d'eau, et de 626 grammes pour la Seine. Ces chiffres datent de 1866. Il est regrettable qu'ils n'aient pas été complétés par des recherches ultérieures. Mais ils peuvent aider à faire comprendre les transformations considérables qui ont affecté notre sol depuis le début de l'époque quaternaire.

CHAPITRE II

LA GENÈSE DES CRUES DE LA SEINE

———

Nous avons dit, dans notre ouvrage sur les *Ports de Paris*, que trois états peuvent modifier le régime normal du fleuve : les grosses eaux ou *état de crue*, le manque d'eau ou *rabais*, et la solidification des eaux ou *glaces*. Le *rabais* est racheté par le système des barrages dont le service des ponts et chaussées a doté le cours de la Seine. Les glaces sont assez rares. En vingt ans, de 1886 à 1907, on n'a compté que cinq périodes de chômage à la suite de glaces : en 1890, 1891, 1894, 1895, 1899. Il n'en est pas de même des crues. Pour la première période, on a relevé neuf crues ayant arrêté la navigation durant cent seize jours.

Toutefois, les crues d'une grande amplitude sont relativement peu fréquentes. On n'en signalerait guère qu'une soixantaine depuis le sixième siècle. Ceci tient, effectivement, au caractère tranquille des rivières tributaires de la Seine, et à celui du fleuve métropolitain lui-même. Les régions traversées et baignées par des torrents sont beaucoup plus exposées que les zones où ne coule qu'une onde lente et assez régulière.

En outre, la forme des crues est toute différente, qu'il s'agisse de rivières tranquilles ou de torrents. La crue torrentielle surprend par sa rapidité, par sa brutalité; elle ravage tout le territoire exposé à son action, entraînant dans son lit des masses de limons et de rochers d'érosion. Mais elle dure peu, quelques jours au plus. Belgrand, qui fut l'historien le plus avisé des phénomènes hydrologiques, raconte, à ce sujet, un fait dont il fut le témoin, et qui nous semble caractéristique.

L'éminent ingénieur se trouvait, en septembre 1866, dans la vallée du Serain, affluent de l'Yonne, qui coule dans les terrains imperméables du lias. Le dimanche 23 septembre, à 10 heures du matin, le ciel se déversa en une pluie diluvienne, qui se poursuivit, sans interruption jusqu'au lendemain soir, lundi, à 10 heures. La rivière enfla tout aussitôt à vue d'œil. Dès le 24, elle débordait; à 10 heures du matin, il y avait 1 mètre d'eau dans le jardin de la propriété habitée par Belgrand, et le hameau dont elle faisait partie était cerné. A 10 heures du soir, le plan d'eau atteignait son maximum. Le Serain, qui débitait, le 23, environ 1 mètre cube par seconde, en débitait 300 le 24. Le lendemain 25, le niveau avait beaucoup baissé, et, le 26, le Serain avait réintégré son lit.

Il n'en va pas de même pour les crues de rivières calmes. L'action des eaux est lente, et dure, d'ordinaire, plus de quinze jours.

En conséquence, deux affluents d'un cours d'eau

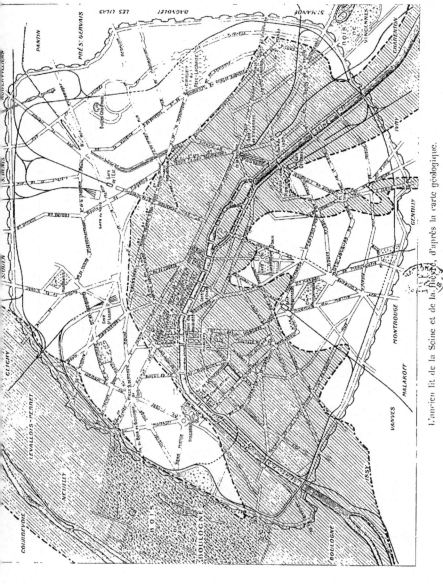

L'ancien lit de la Seine et de la Bièvre, d'après la carte géologique.

torrentiel déterminent, en principe, — car les exceptions sont possibles, — des crues distinctes, les eaux,
en raison de leur rapidité, ayant des difficultés à se
rejoindre dans l'artère principale, « et il existe nécessairement un point providentiel où les crues du
fleuve principal cessent de s'accroître : c'est le point
à l'aval duquel les crues des affluents ont déjà passé
quand la crue du fleuve principal y arrive; à partir
de ce point, il est impossible que ces deux flots se
rencontrent ».

Dans les rivières paisibles, au contraire, les grosses
eaux des affluents et du fleuve principal s'addition-
nent, et le débit va s'accroissant jusqu'au confluent
du dernier tributaire.

Nous avons supposé jusqu'ici que la crue était
unique et simultanée dans les régions supérieures du
bassin. Si les crues des affluents se produisent succes-
sivement, jamais chaque crue du torrent principal ne
se prolongera au delà de quelques jours, et l'on observera une série de crues, sans aucune relativité, tandis
que le fleuve tranquille, ne pouvant écouler en peu
de temps le trop-plein des eaux primitivement reçues,
se gonflera démesurément à la réception du nouveau
flot, et croîtra au fur et à mesure des débordements
de ses tributaires.

Les crues, pour devenir exceptionnelles, lorsqu'il
s'agit de rivières tranquilles, doivent être précédées
de phénomènes nombreux et convergents. Elles sont,
nécessairement, une « résultante ». En ce qui touche

les torrents, au contraire, un phénomène unique, mais extraordinaire, suffit à les provoquer : ainsi, une brusque fonte des neiges, après quelques journées de soleil ardent, ou bien une pluie diluvienne ayant affecté tout le bassin.

Pour plus de clarté, prenons un exemple. Le bassin du Rhône a été en proie aux orages le 25 septembre. Le 25, une pluie exceptionnelle s'est abattue sur le cours supérieur de l'Isère; le 29, même phénomène sur la Drôme, et le 2 octobre sur la Durance.

Les crues de l'Isère, de la Drôme et de la Durance se rejoindront dans le Rhône, qui inondera tout son cours inférieur.

Autre exemple, emprunté à la crue de 1856, de la Loire.

Le 1er, pluie torrentielle dans la Haute-Loire; le 6, sur la Vienne. Le phénomène prend les proportions d'une catastrophe. Ces coïncidences ne sont pas fréquentes, aussi les crues torrentielles anormales sont-elles l'exception.

Les rivières tranquilles ou *mixtes*, comme la Seine, sont encore plus favorisées à ce point de vue, puisque leurs crues « célèbres » doivent être préparées par une série de faits.

La crue de 1866 a été déterminée par un enchaînement de circonstances. Elle s'est produite à la fin de l'été, ce qui semble inexplicable, les pluies estivales étant rapidement absorbées par le sous-sol ou pompées par l'évaporation. Pendant deux mois, juillet et août,

les crues ordinaires se sont succédé et addition-
nées avec une régularité mathématique. Des pluies
violentes étant intervenues dans la seconde moitié
de septembre, les affluents torrentiels, Yonne, Loing,
grand Morin furent mis en jeu. La crue torrentielle
s'ajoutant à la crue lente provoqua le cataclysme.

Belgrand, dans son admirable ouvrage sur la Seine,
a prouvé que toutes les grandes crues de Paris étaient
ainsi des résultantes.

En 1658, le froid le plus vif régnait et avait causé
de fréquentes chutes de neiges. Un brusque réchauffe-
ment de la température produisit un dégel soudain.
Quelques jours plus tard, des pluies superposèrent
une seconde crue à la première.

En 1740, la fonte des neiges fut suivie d'une série
ininterrompue d'orages sur le bassin séquanien; on
nota 136 millimètres en décembre pour 430 dans
toute l'année. On pourrait multiplier les exemples,
si les documents étaient indiscutables.

Mais la météorologie ne suffit pas à expliquer des
sinistres comme celui dont Paris a souffert si cruel-
lement. Après des pluies diluviennes, il est arrivé
que des débordements attendus n'aient pas lieu. Des
pluies et des neiges ordinaires ont déterminé, au contraire, des inondations sérieuses. M. Stanislas Meunier
a justement attiré l'attention sur ces faits.

Il convient donc de reconnaître une autre source aux crues exceptionnelles.

Nous avons dit qu'à l'abri du regard, sur le substratum étanche du sous-sol, une nappe d'eau constituait une sorte de réservoir, dont l'alimentation se fait avec une extrême lenteur. Cette nappe, d'ailleurs, n'implique nullement et obligatoirement l'existence d'une cavité, analogue aux cavernes du Tarn ou de l'Ariège. Les fissures des sédiments sont seulement noyées de liquide.

Au-dessus de la nappe, s'étend une zone encore imbibée par le passage des eaux, surmontée elle-même d'une région que pénètrent les infiltrations des dernières pluies. Enfin, à la surface, le sol, dont l'hygrométrie est en rapport avec la météorologie du moment.

Par suite de capillarité, des échanges s'opèrent entre les diverses zones. Pleut-il, l'eau tend à gagner le substratum étanche, généralement de l'argile liasique. Si le temps est très sec, il y a appel de l'eau profonde vers la surface. La présence de la végétation tend à équilibrer ces échanges. Les feuilles rejettent dans l'air une partie de l'eau absorbée. Ce sont des éléments compensateurs. On a donc légitimement fait le procès du déboisement.

Nous avons, jadis, dans une étude sur le rôle des forêts, montré qu'il n'y avait pas, comme on pouvait le croire, antinomie entre les forêts de plaine et de montagne relativement à leur influence hydrologique.

La forêt de plaine, par le feutrage des feuilles, diminue, de plus, le ruissellement. Huffel a établi que la couverture morte retenait, par hygroscopicité, une tranche pluviale quotidienne de 74 millimètres avant d'en laisser s'écouler une parcelle. La forêt joue donc le rôle de régulateur dans la formation des nappes souterraines, et les nappes ont une profondeur et une étendue essentiellement variables suivant la végétation.

Dans le bassin séquanien, comme les niveaux d'eau sont près de la surface, il peut arriver, à la suite de pluies prolongées, même sans caractère torrentiel, mais plus spécialement en hiver, — alors que l'évaporation est restreinte, — que la nappe soit mise en communication avec l'humus superficiel, au lieu d'en être isolée par la zone intermédiaire. Le sol est alors *saturé* et le siphon de relation comme amorcé.

D'une part, toute eau nouvelle, provenant de pluies ou de fonte des neiges, ne pourra plus s'inhiber et ruissellera sur le terrain poreux devenu imperméable. Ensuite, la nappe inférieure tendra à se dégorger, comme dans le cas du siphon.

Lorsque le phénomène n'affecte qu'un ou deux cours d'eau, la crue demeure limitée. Mais, en 1909 et au début de 1910, les pluies avaient été générales, quoique médiocres. Elles ont duré presque toute l'année passée, qui fut exceptionnellement pluvieuse. La température a toujours été moyenne, rarement très chaude. L'atmosphère n'a pas attiré une grande partie des eaux d'infiltration. Le Morvan a été déboisé, malgré les appels pressants des amis des arbres et des hygiénistes; le bassin de la Seine est, depuis longtemps, assez dénudé. Grâce à cet ensemble de conditions rares, le sol a été *saturé*. La quasi-concomitance des saturations a déterminé un effet simultané. Il en fut de la dernière pluie comme de la goutte d'eau infime qui fait déborder le vase.

De toutes ces considérations, on peut déduire, d'abord que les crues de pareille amplitude sont rares, car rarement la juxtaposition des phénomènes se produit, et aussi que Paris est toujours à la merci de coïncidences aussi fâcheuses pour la sécurité de sa population.

CHAPITRE III

LE SOUS=SOL DE PARIS

———

Si l'on considère le processus d'une crue exceptionnelle, comme celle de 1910, on peut remarquer
que l'inondation s'offre sous trois formes différentes :
1º l'*inondation directe,* causée par les incursions du
fleuve, lorsque ses digues et parapets sont débordés;
2º l'*inondation indirecte,* produite par le refoulement
des égouts; 3º l'*inondation par infiltration,* due à la
porosité du sous-sol, et qui occasionne la submersion
des caves.

Les trois phénomènes peuvent être concomitants
ou successifs. D'ordinaire, l'inondation par les égouts
suit l'inondation directe, mais il peut arriver que
l'engorgement des égouts détermine un envahissement de quartiers éloignés, tandis que certaines rives
immédiates sont encore indemnes. C'est précisément
ce qui est arrivé pour la ligne de Ceinture, près de
Courcelles.

Pour la filtration, qui s'opère assez lentement, elle
paraît, généralement, devoir être consécutive à l'inondation directe. Il y a cependant des exceptions. Le

quartier de la gare de Lyon a vu ses caves inondées avant que le boulevard Diderot et la rue de Lyon fussent transformés en canaux vénitiens.

La triple origine des inondations a été reconnue, dès le dix-huitième siècle, pas Buache, dont nous étudierons l'œuvre ultérieurement. Elle s'explique très clairement lorsqu'on se rend compte de la constitution géologique du sous-sol de la capitale.

Nous avons vu que le département de la Seine appartenait à une époque relativement récente, au tertiaire et au quaternaire. A ce dernier étage, d'abondantes pluies grossirent le lit de la Seine, qui éroda puissamment ses rives, dont les assises (calcaire grossier et gypses) ne présentaient qu'une faible résistance à l'action dissolvante des eaux.

Le fleuve occupait alors toute la vallée que limitent aujourd'hui les hauteurs de Charonne, Ménilmontant, Belleville, Montmartre et Passy, au nord, la colline Sainte-Geneviève et la Butte-aux-Cailles au sud. Dans cet espace, la Seine, de jour en jour plus étroite, déposa, au cours des siècles, comme en une vasque, les limons qu'entraînaient ses eaux. Le dépôt se fit d'autant plus régulièrement que le Paris central est placé, comme nous l'avons montré, au plus profond de la cuvette constituée par le bassin géologique, l'ancien golfe séquanien.

Il faut creuser jusqu'à 15 mètres du niveau actuel du sol pour retrouver le fond du lit préhistorique de la Seine qui a coulé jusqu'à 20 mètres plus bas. Au-dessus de ce substratum, se sont amassés des graviers et des sables, ces derniers à une date plus récente.

Ces atterrissements ont constitué les plus anciennes îles qui barraient le lit du cours d'eau, dont il ne restait plus, aux temps modernes, que l'île Louviers, l'île Saint-Louis, la Cité et l'île des Cygnes. Antérieurement à leur formation, le cœur de Paris était une position insulaire, que la Seine entourait de ses bras : l'un, le plus grand, passant par le bassin actuel de l'Arsenal, la rue Amelot, la place de la République, les rues du Château-d'Eau, Richer, de Provence, des Saussaies et l'avenue Montaigne; le second occupant à peu près le lit actuel, plus élargi.

Le bras principal du fleuve ne devait pas être complètement abandonné par les eaux au sixième siècle, car, au témoignage de Grégoire de Tours, des bateaux, au cours d'une crue exceptionnelle, furent portés au pied de l'église Saint-Laurent, voisine de la gare de l'Est.

Plus tard, ce bras se gâta et fut transformé en marais. Ce n'est qu'au dix-neuvième siècle qu'on assainit cette zone, lorsque le développement de Paris l'exigea.

Conformément aux explications que nous avons données plus haut, il se forme nécessairement des nappes d'infiltration à une profondeur plus ou moins grande de la surface.

Dans l'ancien bras, par suite des érosions d'antan, le substratum étanche n'est pas très éloigné, et les graviers alluvionnaires se trouvent normalement noyés par la nappe. Il ne s'agit pas là, en vérité, d'une fontaine ou d'un ruisseau, mais d'un terrain ordinairement inhibé.

Cependant, une eau courante y a tracé un lit, qu'on appelait la rivière de Ménilmontant et le ruisseau de la Grange-Batelière, jadis à air libre, marécage pestilentiel en 1737, et qui, en 1740, fut transformé en égout, de la place de la République au pied des hauteurs de Chaillot, par la rue Grange-Batelière, qui en conserve le nom, et la place de l'Opéra, où des travaux spéciaux ont dû être pratiqués pour éviter, l'hiver, des inondations. Aux jours de pluie diluvienne, le ruisseau se gonfle, se mue en torrent, dont les eaux se fondent avec celles de la nappe sous-jacente.

Paris possède, en outre, une véritable rivière, dont ses habitants n'ont guère l'occasion de voir l'écoulement : la Bièvre, où rivière des Gobelins, qui, après avoir arrosé Arcueil et Gentilly, baigne les nombreuses tanneries des Gobelins, les quartiers Mouffetard et Saint-Victor, et tombe dans l'égout collecteur de la rive gauche, aboutissant à la Seine après avoir passé sous la gare d'Orléans (Austerlitz).

Au douzième siècle, les eaux de la rivière furent même dérivées par les religieux de Saint-Victor et de Sainte-Geneviève, lesquels ouvrirent un canal. Cette voie se détachait du cours d'eau dans le faubourg Saint-Marcel, et se dirigeait vers l'ouest, pour aboutir aux environs de la place Maubert. La rue de Bièvre en perpétue le souvenir. Le canal fut comblé au quatorzième siècle.

L'ancien bras de la Seine, la Bièvre, la Grange-Batelière sont autant d'émissaires vers l'intérieur de la ville lorsqu'une grande crue projette le fleuve hors de ses berges. L'élévation du plan d'eau de la Seine détermine une pression latérale sur la nappe souterraine, en même temps que la couche extérieure de liquide tend à pénétrer la couche intérieure. La nappe intérieure se gonfle donc à son tour, et les caves sont noyées. Les rues de Châteaudun, Richer, de Trévise ont été, en 1910, atteintes dans ces conditions, et leur inondation n'a qu'une corrélation relative avec les phénomènes d'immersion du Nord-sud.

La construction des quais droits de la Rapée, de Bercy, de la Conférence, Debilly, a cependant rendu plus difficile le développement des inondations dans l'ancien bras.

Le caractère alluvionnaire de certains quartiers de la capitale explique aussi les effondrements qui ont été constatés et les craintes éprouvées par les ingénieurs de la ville touchant la solidité des édifices.

Lors de l'édification de certains grands immeubles du centre, on a rencontré la nappe aqueuse. L'épuisement des eaux a désagrégé certaines parties du soussol. Il a dû se former des « poches », dont on ignore l'existence. Les percées du Métropolitain ont contribué encore à créer des vides. Vraisemblablement, dans les zones de l'ancien lit, ces cavités ont été bientôt en-

vahies par les eaux; le ruisseau de la Grange-Batelière, de son côté, a dû contribuer à l'opération.

La dernière crue, en provoquant un débordement
de la nappe souterraine, a certainement préparé de
nouvelles désagrégations. Il ne faudra donc pas
s'étonner si des affouillements se déclarent dans la
suite au voisinage du bras disparu.

CHAPITRE IV

LES ÉGOUTS

———

L'une des trois formes d'inondations qui caractérise les crues parisiennes est le refoulement, par les égouts, à la fois des eaux du fleuve et des déjections municipales. Il ne nous paraît donc pas inutile de tracer rapidement, et dans ses grandes lignes, un croquis des canalisations souterraines de la capitale.

Antérieurement à 1356, les faubourgs Saint-Marceau et Saint-Germain n'étaient séparés de Paris par aucun travail de fortification. Aussi, leurs eaux superficielles s'écoulaient-elles normalement vers la Bièvre. Mais la ville ayant été protégée, de ce côté, par un fossé de circonvallation, sous le règne du roi Jean le Bon, les eaux des égouts du quartier Saint-Germain-des-Prés, selon Sauval, de la porte de Bussy (Buci) à la Tour de Nesles (Institut), furent introduites dans ces fossés, et elles continuèrent, dans la suite, à utiliser cette voie, le long de l'*égout voûté* qui, de l'École de médecine, se dirige vers la Seine, et aboutit au-dessous du Pont-des-Arts. On remarquera que cette route traverse les rues de Seine et Dauphine, qui souffrirent particulièrement de la dernière crue.

Sur la rive droite, le ruisseau de Ménilmontant s'alimentait, jusqu'au quatorzième siècle, du filet d'eau à ciel ouvert venant de la rue Montmartre. Le ruisseau de Ménilmontant ayant été incorporé, sous Charles VI, à la ville, le prévôt des marchands, Hugues Aubriot, fit recouvrir la rigole montmartroise et édifier le premier égout voûté de la capitale.

Le nombre des égouts découverts demeurait, néanmoins, considérable. Sur la rive gauche, un certain nombre de déversoirs fétides apportaient leurs boues à la Bièvre ou bien aux fossés des remparts.

Sur l'autre rive, un canal, mal entretenu, dévalait des pentes de Belleville, vers l'est, et issait dans les fossés de la Bastille.

Un déjecteur, desservant la rue Saint-Antoine, passant au pied de l'église Saint-Paul, et tombant sous la voûte dite du Pont-Perrin, aboutissait, également, dans lesdites douves.

En 1412, un égout de dérivation fut établi pour reporter les eaux de cette zone vers le ruisseau de Ménilmontant, par les rues Saint-Louis et des Filles-du-Calvaire.

Aux abords du Palais-Royal, un égout à ciel ouvert occupait l'emplacement des fossés de l'enceinte de Charles VI, au voisinage de la place actuelle du Carrousel.

Crue de la Seine (janvier 1910). — Inondation du Grand-Palais, avenue d'Antin.

Cliché Nourdein.

Le développement de Paris dans le quartier Saint-Honoré actuel nécessita la construction d'une décharge, vers le ruisseau de Ménilmontant.

Il fallut, également, écouler les déjections des halles. Un égout fut installé rue du Cadran, et déboucha dans le drain, voûté par les soins de Hugues Aubriot.

En 1605, François Miron fit recouvrir un égout, dit du Ponceau (une rue conserve ce nom), entre la rue Saint-Denis et la rue Saint-Martin.

L'égout de la Courtille, qui occupait les rues Barbette et Vieille-du-Temple actuelles, fut fermé en 1615, ainsi que le drain de 1412, desservant les rues Sainte-Catherine, Saint-Louis et des Filles-du-Calvaire.

En 1663, un égout clos réunit ces éléments divers, les drains de la rue Montmartre, du Ponceau, Saint-Louis, de la Courtille, du Pont-aux-Biches et Gaillon. L'ensemble de ces égouts mesurait 2.353 mètres, le grand égout de Ménilmontant à Chaillot, toujours en plein air, 6.218 mètres, d'autres artères ouvertes s'étendaient sur 1.817 mètres.

L'année 1740 devait voir clore le grand égout, pour le plus grand bien des populations riveraines.

On observera que tout le système des égouts de la rive droite tendait à éloigner les déjections des rives de la Seine, pour éviter aux souverains les pestilences et les infections. Toute la rive droite demeurait tributaire du grand égout de ceinture, c'est-à-dire de l'ancien bras du fleuve. Il y a donc relation étroite, par ces égouts, entre la nappe souterraine de la rive droite et les quartiers compris entre les boulevards actuels et la Seine.

Les temps plus modernes ont vu le percement plus accentué du sous-sol parisien. Le système actuel des égouts comprend : 1º le collecteur général, qui de la place du Louvre, par les quais du Louvre, des Tuileries, la Concorde, la rue Royale, le boulevard Malesherbes, gagne Clichy; c'est cette voie souterraine qui a causé l'inondation de la ligne de Ceinture; 2º le collecteur de la rive gauche ou de la Bièvre, empruntant le boulevard de l'Hôpital, les rues Geoffroy-Saint-Hilaire, Linné, des Écoles, Monge, le quai Saint-Michel, suivant les quais jusqu'à l'Alma, franchissant la Seine en siphon, au-dessous du fleuve, et se mêlant au collecteur général. Il reçoit, à l'Alma, le collecteur de Grenelle et Vaugirard; 3º le collecteur des Coteaux, utilisant les rues de Charenton, Crozatier, de Cîteaux, Basfroi, Popincourt, le quai Jemmapes, les rues du Château-d'Eau, des Petites-Écuries, Richer, le faubourg Montmartre, la rue Saint-Lazare et qui rejoint le collecteur général. Ce canal souterrain utilise en partie l'ancien ruisseau de Ménilmontant; 4º l'égout collecteur du Nord dessert Belleville, Ménilmontant, les rues d'Allemagne et de Crimée, le boulevard Ney, et, par la porte de la Chapelle, gagne Saint-Denis; 5º le collecteur des Petits-Champs, traversant les rues Vivienne et des Petits-Champs, des

Capucines, et suivant le boulevard de la Madeleine jusqu'au collecteur général; 6º le collecteur Rivoli, aboutissant à la Concorde, desservant la place Notre-Dame-des-Victoires et le quartier des Marais; 7º un égout des quais.

L'histoire des canalisations souterraines d'autrefois et d'aujourd'hui explique avec quelles facilités le fleuve a pu envahir Paris par-dessous.

CHAPITRE V

LES CRUES DE PARIS JUSQU'AU SEIZIÈME SIÈCLE

On pourrait supposer que Lutèce fut à l'abri des déprédations de son fleuve nourricier si l'on devait prendre au pied de la lettre l'assertion de l'empereur Julien, qui proclame, on ne sait pourquoi, que « cette rivière rarement se ressent beaucoup des pluies de l'hiver et de la sécheresse de l'été ». Les récits des chroniqueurs du Moyen Age, cependant, sont tout pleins des doléances des populations riveraines de la Seine, sans cesse victimes des oscillations du cours d'eau. Il n'y a, selon nous, qu'une seule hypothèse plausible si l'on veut concilier la négation de l'Apostat et les affirmations des annalistes religieux : c'est d'admettre que la Seine, à l'époque romaine, avait encore à sa disposition le bras de dérivation dont nous avons parlé.

Quoi qu'il en soit, Grégoire de Tours a conservé le souvenir d'une crue, qui se place en 583. Cette année, la huitième du roi Childebert II, au mois de février, les eaux de la Seine et de la Marne « grossirent au delà de coutume, et beaucoup de bateaux firent naufrage entre la cité et la basilique Saint-Laurent. »

Certains écrivains ont prétendu que l'église mentionnée ne devait pas occuper la place du sanctuaire actuel de Saint-Laurent. Nous accepterons la version de dom Mabillon, qui identifie les deux églises.

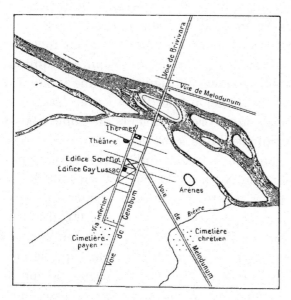

La Seine à l'époque gallo-romaine, sur le dessin de Vacquer
(Bibliothèque de la ville de Paris).

(Extrait des *Annales de géographie*, 1900. Librairie Armand Colin, éditeur, Paris.)

Puis, pendant deux siècles, l'histoire se tait. Il faut atteindre les années 820-821 pour trouver, dans Éginhard, l'indication de débordements séquaniens, sur lesquels l'auteur de la *Vie* et des *Miracles de sainte Geneviève*, le P. Le Juge, nous fournit de curieux détails : « Du temps d'Inchade, quarante-quatrième

évêque de Paris, sous Louis le Débonnaire, Dieu vou-
lut punir le peuple de Paris par l'élément de l'eau. Il
envoya une telle inondation et débordement de la
rivière de Seine que jamais n'en fut venu un tel, de
sorte qu'il semblait que toute la ville fût submergée,
et ne pouvait-on aller, sinon par bateau. »

L'historien Champion place cet événement en 834,
car, à cette date, l'armée de Pépin d'Aquitaine fut
arrêtée sur les rives du fleuve par une inondation, et,
selon l'Astronome, auteur d'une *Vie de Louis le Débonnaire*, à la suite d'orages violents, de pluies abondantes
et continuelles, une crue survint qui détruisit des
ponts, et coula à fond nombre d'embarcations.

Au dire de Nithard, en 841, Charles le Chauve fut,
à son tour, arrêté par une incursion du fleuve. Ce
phénomène, qui semble alors avoir été fréquent, fut
suivi, en 842, d'un rabais, en septembre, lequel brusquement se transforma en crue, sans que le ciel, très
pur, se fût modifié. Les contemporains ne comprirent
pas cette soudaine variation, « car, à cette époque, il
se passait toujours deux mois sans pluie ».

Les Normands assiégeaient Paris, le 6 février 866,
quand, de même, pendant le silence de la nuit, « le
milieu du pont (reliant la cité à la rive droite) s'écroula,
entraîné par la colère des ondes furieuses qui s'étaient
enflées et débordaient. La Seine avait étendu de tous
côtés les limites de son humide empire, et couvrait
de vastes plaines et les débris du pont, qui, du côté
du midi, ne portait que sur un point où le fleuve s'abî-

mait en gouffre. » Seule, la citadelle, qui se trouvait aussi dans la cité, à droite de l'île, tint bon.

Ces inondations soudaines doivent s'expliquer par le faible niveau des territoires assis sur les rives du fleuve. C'est ainsi que, dans la suite, nous ne constaterons plus que rarement la spontanéité des phénomènes.

***

De nouveau, le silence plane sur les oscillations du fleuve. Pendant deux cents ans, les vieilles chroniques sont muettes sur les avatars de la Seine.

Orderic Vital, au douzième siècle, reprend, toutefois, le récit interrompu. En 1116, d'après son témoignage, l'hiver se signala par des pluies excessives, qui provoquèrent des inondations; « des gouffres énormes furent ouverts par la Seine débordée dans les maisons et les moissons ».

L'hiver de 1125 fut encore plus rigoureux que celui de 1116, si l'on en croit Guillaume de Nangis. La neige tomba abondamment, les pluies et les gelées se succédèrent alternativement. Puis, pendant plusieurs mois, une pluie diluvienne noya champs et prés, déterminant une crue exceptionnelle. En novembre 1175, le même phénomène affligea le pays.

L'an 1195, dit Rigord, religieux de l'abbaye de Saint-Denis, fut pluvieux. Aussi, en mars 1196, Paris souffrit-il des « inondations et débordements qui submergèrent, dans plusieurs endroits, des villages entiers, et rompirent les ponts de la Seine ». Le Roi dut abandonner son palais de la Cité pour se réfugier à Sainte-Geneviève, tandis que l'évêque Maurice de Sully demandait asile à l'abbaye Saint-Victor.

La crue de décembre 1206 fut telle « que jamais homme n'en avait vu de semblable et que personne ne se rappelait avoir entendu dire qu'il y en eût eu de pareille avant lui ». Le Petit-Pont de Paris, restauré en 1197, après l'inondation, et que surmontaient des maisons et des moulins, eut trois de ses arches rompues. Des maisons s'écroulèrent. Le dommage fut grand. Guillaume le Breton affirme que l'eau envahit les maisons jusqu'au deuxième étage. Les communications ne pouvaient plus s'opérer qu'en bateaux.

Selon Guillaume de Nangis, la veille de la Saint-Nicolas (5 décembre), le tonnerre gronda, phénomène peu commun en hiver, des torrents d'eau se déversèrent du ciel, et, ajoute l'*Histoire de sainte Geneviève*, « principalement entre les autres la pauvre ville de Paris, chef de ce royaume, était affligée d'un tel déluge qu'on ne pouvait presque aller par les rues, sinon par bateaux, de sorte qu'une bonne partie de ses édifices et bâtiments on voyait abattus, les autres en grand branle, et prêts à être démolis et bouleversés par l'impétuosité et violence des flots ».

La température inclémente de mars et avril 1219 provoqua, en mai, un gonflement du fleuve. « A Paris, écrivit Guillaume le Breton, un nombre infini de

maisons furent assiégées par d'innombrables flots. »
Le Petit-Pont fut encore couvert par les eaux.

Peut-être cette inondation se confond-elle, chrono-
logiquement, avec celle indiquée comme s'étant produite en 1220, et qui causa l'écroulement de maintes
maisons et de nombreux moulins.

Paris, cependant, s'était clos de murs sous le roi
Philippe-Auguste. Néanmoins, en 1232, selon le P. Le
Juge, génovéfain, la Seine commença à se courroucer
avant Noël et un « débordement prodigieux » marqua
le jour des Rois. Au delà des ponts, une bonne partie
de la ville « fut toute en eau ».

Une autre crue endeuilla peut-être aussi l'année
1242.

Sauval a récusé les témoignages concernant les
trois dernières incursions de la Seine. Mais Lebœuf,
qui mérite créance, en juge autrement, et place les
sinistres aux dates de 1232, 1236 et 1242.

Il semble avoir absolument raison, car un document
précieux, resté inédit avant d'avoir été exhumé par
Lebœuf, précise des détails des grosses eaux de 1236.
« Dans Galande (la rue Galande), dit le document,
et autres lieux, l'inondation obligea d'aller en bateau,
et eût fait île de toute la partie de Paris située au delà
du Grand-Pont (Pont-au-Change), si le bord de cette
élévation de terre que l'on suit pour aller à Saint-
Laurent n'eût arrêté l'inondation. » Cette levée, qui
occupait à peu près les rues Saint-Martin et Saint-
Denis actuelles, avait été, précisément, construite

pour protéger, à l'amont, la capitale contre les incursions réitérées de la rivière. Les Parisiens durent constater leur impuissance à asservir complètement les éléments.

Guillaume de Nangis nous apprend que deux crues se manifestèrent sous le règne de Philippe le Hardi, en 1280 ou 1281, et en 1296. La Seine rompit une arche du Petit-Pont et deux du Grand-Pont, en 1280. « Du côté de Saint-Denis, l'usage obligatoire de bateaux se prolongea jusqu'à l'Épiphanie. »

Le Roi, prévoyant et sage, estima que les débordements seraient moins fréquents et désastreux si un débit plus considérable était assuré au fleuve, et fit raser de nombreux moulins.

Le Paris de 1280, d'après les documents authentiques, s'arrêtait à la rue des PP. de l'Oratoire-Saint-Honoré; la limite coupait la rue Saint-Honoré actuelle entre les rues Mauconseil et du Petit-Lion, et venait aboutir à la rue Saint-Martin actuelle au coin de la rue du Grenier-Saint-Lazare, située alors hors des murs. Elle passait sur le territoire de l'église des Blancs-Manteaux, côtoyait la rue des Francs-Bourgeois, et décrivait un coude devant l'église Sainte-Catherine, disparue, rue de la Couture ou Culture (rue des Coutures), laquelle était en dehors de la ville. Elle traversait ensuite l'emplacement de l'église des Jésuites Saint-Antoine et se terminait à la tour du Barbeau, sur le quai Saint-Paul, dans la cuvette actuelle.

En 1281, l'eau avait inondé les cultures de Sainte-Catherine, de Saint-Gervais, du Temple, de Saint-Martin, des Filles-Dieu. Les quartiers Saint-Antoine et Saint-Paul étaient, d'ailleurs, beaucoup moins élevés que de nos jours. Toute cette zone a été remblayée.

Sur la rive gauche, à en croire Sauval, le flot monta jusqu'à la Croix-Maubert, vis-à-vis des Carmes (près du marché actuel de ce nom).

Guillaume de Nangis déclare que la crue de 1296 ne fut pas moins douloureuse. Deux ponts de pierre s'écroulèrent, avec leurs moulins et masures. Le Châtelet du Petit-Pont fut renversé. Pendant huit jours, on dut porter, en barques, aux habitants des régions basses, des vivres nécessaires à leur subsistance.

Le Roi, qui prit une initiative rapide, fit établir trois bacs : l'un vers l'actuelle rue de Bièvre, le second de la rue des Bernardins à l'île Notre-Dame, le troisième de l'île Notre-Dame au pont Saint-Paul.

L'année 1306 se signala par une débâcle de glaces. Puis, en vingt ans, la Seine causa mille déprédations. En 1306, des barques furent brisées, par une crue, sur le port de la Grève (hôtel de ville); en 1308, une inondation survint, le samedi après l'Ascension, à la suite d'orages et de tourmentes de neige. En 1315, d'avril à juillet, le temps fut serein et glacial, et la Seine submergea ses rives. En 1325 ou 1326, à la fin d'une débâcle, deux ponts furent rompus.

Le quai actuel des Célestins n'était qu'un glacis

de terre, sans soutien. Philippe le Bel fit élever un quai pour sauvegarder le terrain avoisinant contre les oscillations de la rivière. Il fit également endiguer le lit entre l'hôtel de Nesle et la maison des évêques de Chartres (rue Gît-le-Cœur).

Sous Charles V, la rue Saint-Antoine fut relevée, depuis la rue Saint-Paul jusqu'à la Bastille. Néanmoins, on usait de bateaux, en 1373, au cours d'une inondation, dans les rues Saint-Antoine jusqu'à Saint-Antoine-des-Champs (église des Quinze-Vingts) et Saint-Denis, et de la porte Saint-Honoré (Tuileries) au port de Neuilly.

Sur la rive gauche, on attachait des bateaux à la croix Hémon, au-dessus de la place Maubert.

Sous Charles VI, de nouveaux remblais furent apportés dans le quartier Saint-Antoine. On exhaussa encore le terrain entre les rues Saint-Antoine, de l'Arsenal, Misère (disparue) et Saint-Paul. Un mur fut édifié de la tour du Barbeau à la tour de Billy, sise derrière les Célestins.

Ces travaux avaient pour objet de préserver le quartier du Marais, trop souvent submergé.

A partir du quinzième siècle, il semble que les débordements du fleuve soient encore plus fréquents.

Le mois de janvier 1407 fut très rigoureux. Le fleuve gela. On se rendait en voiture, par la Seine, de la Cité à la Grève. Le 27 janvier, le temps s'étant détendu, la crue commença. Le 31, le Petit-Pont et le pont Saint-Michel (bâti de 1378 à 1387) furent

CRUE DE LA SEINE (janvier 1910). — La rue Saint-Lazare et la cour de Rome; au premier plan, à gauche, une entrée du Métro.

emportés. Le 1er février, une partie des maisons ju-
chées sur le Grand-Pont tombèrent dans la rivière.
Certains glaçons avaient 300 pieds de long.

L'inondation envahit le quartier de l'Université,
par suite des barrages déterminés par l'amas des
matériaux affaissés dans le fleuve. Le Parlement
cessa de siéger. Les magistrats habitant la rive gauche
ne pouvant plus se rendre au Palais, force fut de trans-
férer les audiences à Sainte-Geneviève.

De nombreux citoyens furent ruinés par le sinistre.

En 1414, suivant la relation qu'en laissa un bour-
geois de Paris, le fleuve se précipita dans les fossés
de Charles V, sur la place de Grève, au faubourg
Saint-Esprit; la cour du Palais fut inondée jusqu'à
la Sainte-Chapelle. La croix Hémon fut encore
baignée par les flots.

L'hiver de 1422 vit un embâcle de la Seine; celui
de 1427 une nouvelle crue, qui atteignit la croix de
Grève. L'île Notre-Dame fut couverte, ainsi que
l'île des « Ourmetteaux » (les Ormes).

Le premier étage des maisons fut atteint par les
eaux. De nombreux chevaux furent noyés. On cal-
cula que, sur la place de Grève, l'eau s'éleva à la hauteur de 4 pieds.

En 1431, après des neiges, une inondation se produisit, d'une durée de cinq ou six semaines.

En 1432, la place Maubert, de nouveau, reçut la
visite du fleuve, jusqu'à mi-hauteur du Marché-au-
Pain. La Seine coula devant l'hôtel de ville. Du

début de mars « jusqu'à huit jours d'avril », les marais, de la porte Saint-Martin à « my voie Saint-Antoine », furent submergés.

Des crues ont marqué les années 1434, 1442, 1460, 1480 (selon Sauval), 1484. En 1448, un rabais inattendu, au contraire, permit de passer à pied sec de Notre-Dame à la place Maubert.

En 1496, la crue atteignit la Grève, la Croix-des-Carmes (croix Hémon), la rue Saint-André-des-Arts, la vallée de Misère, située vers la partie sud-est de la place du Châtelet actuelle. On éleva à cet endroit, pour perpétuer le souvenir de ce sinistre, une statue de la Vierge, et l'inscription suivante, que le libraire Gilles Corrozet nous a conservée et qui était encore visible au milieu du dix-huitième siècle, fut gravée sur le pilier d'une maison, au coin de la rue de la Saulnerie et du quai de la Mégisserie :

> Mil quatre cents quatre vingts seize,
> Le VIIe jour de janvier,
> Seyne fut icy à son aise
> Battant le siège du pilier.

Un crucifix, au coin de la rue de la Perle, dans le Marais, rappela également longtemps cette douloureuse épreuve.

Ces catastrophes déterminèrent les autorités à relever, en 1507, toutes les voies de la Cité.

Déjà, en 1502, la Chambre du conseil du Palais avait délibéré sur les mesures préventives à prendre contre les crues. Les charrois avaient été interdits sur le Pont-au-Change. Cette voie était, en effet, dans un état lamentable, ainsi que le pont Saint-Michel. Néanmoins, les réparations nécessaires ne furent pas effectuées, car, en 1525, on se plaignait encore de cet état de choses.

L'année 1505 avait vu le renouvellement des inondations de 1497. En 1531, le 10 janvier, Paris inondé eut recours à Sainte-Geneviève pour le sauver des eaux.

En l'an 1547, le lendemain de la fête de la Conception, vers minuit, l'eau de la Seine, dit une note manuscrite d'une vieille édition, se gonfla, et la partie haute du pont Saint-Michel fut détruite.

Cette aventure fut due au heurt de deux bateaux attachés au Petit-Châtelet, et qui rompirent leurs amarres à un jour de distance. Dix-sept maisons s'abîmèrent dans les ondes. Le Parlement interdit aussitôt les installations et boutiques du Petit-Pont, et relégua les marchands à la place Maubert.

L'hiver de l'an 1564 avait été rigoureux. Du 28 décembre au 24 février 1565 sévit un froid intense, et tel que la rivière gela, que les pierres du Louvre « fondirent ». Il se produisit un embâcle, qui, à la fin de février, causa une crue.

Le flot s'avança dans la Grève jusqu'à la rue Jean-de-l'Épine et devant le Saint-Esprit, et, selon Sauval, « il est apparent qu'il passa bien au delà ».

Le Parlement interdit à nouveau le Pont-au-Change,

et la consolidation du monument fut ordonnée; en 1567, un édit de Charles IX renouvelait les instructions à ce sujet. Cependant, en 1579, rien n'avait été encore fait dans ce sens.

Pendant trois années (décembre 1570, février 1571, janvier 1573) la Seine fit des ravages; on dut bachoter place Maubert et dans les principales artères.

Survint l'an 1582. Des pluies diluviennes tombèrent sur Paris. « On crut, dit L'Estoile, à un déluge renouvellé. » D'après Belleforest, la ville et l'Université furent inondées. L'Estoile ajoute qu'en janvier « la Seine déborda quasi aussi haute qu'elle avait été en novembre précédent ». Le 26 mars, le pont Saint-Michel fut en péril.

En 1591, le 3 janvier, on put, au contraire, passer à pied sec des Augustins au Palais. Soudain, sans cause apparente, le fleuve monta exagérément.

Le 14 mars 1595, à la suite d'une crue, qui menaçait encore une fois les ponts, le Parlement en fit évacuer les logis. Bonne précaution, car, en 1596, le pont des Meuniers, entre le Palais et le Châtelet, s'écroula. On compta quatre-vingts victimes. Cet événement se produisit à 8 heures du soir, le jour de Saint-Thomas.

Des bateaux avaient brisé leurs chaînes et heurté les piles trop débiles. Une ordonnance de police prescrivit de doubler, désormais, les amarres, lors des grosses eaux.

CHAPITRE VI

LES CRUES DU DIX-SEPTIÈME SIÈCLE
LES DÉBORDEMENTS DE LA BIÈVRE

——

DE 1600 A 1658

Le dix-septième siècle connut encore de mauvais jours avec les soubresauts de la Seine. Une crue de janvier 1610 provoqua des épidémies. L'été de 1613 fut particulièrement déplorable. La grêle fit rage, les pluies saturèrent le sol; en juillet, la place de Grève fut submergée par une inondation.

Il n'est pas bien certain qu'un phénomène de débordement se soit manifesté en juillet 1615, bien que le P. Cotte ait affirmé que, le 16 juillet, le plan d'eau s'éleva à $9^m 04$ à la Tournelle (?).

En 1616, Sauval assure qu'à la débâcle des glaces une crue de 8 pieds causa la rupture d'une partie du pont Saint-Michel, l'ébranlement du Pont-au-Change et la chute de plusieurs bâtiments au voisinage de la Grève. Les 29 et 30 janvier, « trois maisons fondirent au faubourg Saint-Marcel ».

L'inondation de 1649 produisit des dégâts analogues. Une portion du pont des Tuileries s'effondra dans la Seine, des logis s'abattirent. Le commerce fut interrompu. Plusieurs moulins, édifiés sur le port de Grève, furent emportés par les flots. Deparcieux estime que le niveau de l'eau atteignit 7m 66. Une inscription fut apposée, en souvenir du phénomène, sur une maison du cul-de-sac d'Amboise.

Plus grave encore fut la crue de 1651 (janvier), qui enleva la moitié du pont de la Tournelle et une arche du Pont-au-Change, et monta, dit-on, à 7m 83.

Ch. Lambert (de Belan), écrivait, en 1808, dans *Paris tel qu'il a été, tel qu'il est et tel qu'il sera dans dix ans, avec une notice chronologique des principales inondations qui ont eu lieu depuis Clovis jusqu'à nos jours...* : « Dans le débordement de 1651, l'eau est parvenue, sur le port au Blé, presque au deuxième étage de la maison n° 52; cette élévation partielle était le résultat momentané de l'engorgement des arches du pont Notre-Dame, où s'étaient rassemblés les débris du pont Marie et des maisons renversées tant de ce point que des parties supérieures de la rivière. »

L'indication était erronée; ce n'est, en effet, qu'en 1658 que le pont Marie fut renversé par les eaux.

Il paraît, de même, inexact que l'eau ait dépassé de 24 pieds le niveau des basses eaux.

Nous sommes plus sûrement documentés sur la crue de 1658.

***

LA CRUE DE 1658

Si nous nous reportons à la carte dressée par Melchior Tavernier en 1630, c'est-à-dire vingt ans avant l'une des crues les plus désastreuses, nous pouvons constater, en la comparant à celle dressée par Buache en 1740, que l'étendue de la capitale ne s'est guère modifiée durant un siècle.

La porte Saint-Bernard, point extrême de la rive gauche amont, se trouvait située à l'endroit où, un peu moins d'un siècle plus tard, Buache indique le « Jardin du Roy ».

La limite — toujours sur la rive gauche — se continuait par les portes Saint-Marcel, Saint-Jacques, Saint-Michel et Saint-Germain, et aboutissait à la Seine à la porte de Nesle, proche de l'hôtel de Nevers.

Cette délimitation de Paris, sur la rive gauche, était constituée par un mur d'enceinte pourvu, çà et là, d'échauguettes en poivrières.

L'hospice de la Charité et les Saints-Pères formaient alors la limite extrême de ses faubourgs sud.

Sur la rive droite, la ligne des remparts commençait au terminus des Tuileries, se prolongeait par les portes Saint-Honoré, Mont-Marthe, Saint-Denis, Saint-Martin, du Temple, et, passant derrière la Bastille, venait rejoindre la porte Saint-Antoine, pour, ensuite, redescendre vers la Seine en face du faubourg Saint-Marcel.

Deux remarques sont à faire au sujet de la rive droite : 1º la ligne des remparts était garnie d'un fossé, dans lequel l'eau du fleuve pénétrait aux Tuileries, où se trouvait un « pont tournant »; 2º de la porte Saint-Honoré à la porte Mont-Marthe, s'étendait, en longueur, et *extra muros*, le Palmaiļ, allée plantée d'arbres qui devait être le lieu de rendez-vous des fashionables de l'époque.

L'aspect du fleuve ne varie guère aux dix-septième et dix-huitième siècles. L'île Louviers (qui se trouvait à l'extrémité nord de l'île Saint-Louis) est reliée à la rive droite par le pont de Gramont. L'île Saint-Louis n'est en communication avec cette rive que par le pont Marie. La carte de 1630 indique, au moyen d'un pointillé, le tracé du futur pont de la Tournelle, qui n'est encore qu'en construction ou à l'état de projet, car il ne fut édifié qu'en 1654. L'île était alors réunie à la Cité par un pont de bois qui, depuis, et après bien des transformations, est devenu le pont Saint-Louis actuel.

La Cité assurait ses communications avec les deux rives au moyen du Petit-Pont, du pont Notre-Dame, du pont Saint-Michel et du Pont-au-Change (il est à noter que tous ces ponts, qui étaient en bois, ont été reconstruits depuis, et que, seuls, à travers les siècles, leurs noms ont subsisté). Enfin, à l'extrémité de l'île de la Cité, le Pont-Neuf, commencé en 1578, et terminé en 1604.

Quant au Pont-Royal, qui n'existait que sous la

forme d'un pont de bois, la première pierre n'en fut posée qu'en 1685, et il ne fut terminé que quatre ans plus tard, en 1689.

Comme on le voit, le Paris de 1658 ne diffère pas sensiblement de celui dont Buache nous a laissé le plan en 1740. Les limites amont et aval sont identiques; l'extension s'est faite au nord et au sud, et dans des proportions restreintes.

L'inondation de 1658 reste, d'après l'histoire, le plus implacable et le plus terrible fléau que la France ait eu à enregistrer.

Dès le 20 décembre 1657, date à laquelle commença l'hiver, les neiges, les pluies et les gelées se succédèrent et se poursuivirent jusqu'à la mi-février; il arriva que, le 18, les glaces fondirent et occasionnèrent de grands dégâts dans toute la France. A Paris, l'eau atteignit, le 27 février, la cote énorme de 8ᵐ 81 à l'étiage. Les rues les plus belles, les plus grandes et les plus fréquentées, telles les rues Saint-Martin, Saint-Denis, Saint-Antoine et beaucoup d'autres furent envahies par les eaux, au point qu'on ne pouvait accéder dans les maisons qu'en bateau, et pénétrer dans la plupart que par les fenêtres.

Le P. de Thoulouse, chanoine régulier de l'abbaye de Saint-Victor, nous raconte, dans ses *Mémoires*, que « le vendredi après dîné, les religieux se promenaient à pied sec dans les prés. Après les vêpres, la Seine dégorgea par le canal de la rivière de Bièvre, dont

un bras arrose nos prés, et, le lendemain, samedi 23,
à 7 heures du matin, les eaux se trouvèrent au haut
des degrés par où on accède au pré, sous la bibliothèque. Il fallut employer le matinée à vider la chapelle Notre-Dame, et tous les lieux en contrebas où
l'eau vint dans l'après-midi. Le cellerier, s'en allant
le samedi à la halle, marchait dans l'eau à la barrière
des Sergents (située au bas de la montagne Sainte-
Geneviève), à la place Maubert, et eut beaucoup de
peine à gagner la rue des Noyers; mais au retour, il
lui fallut revenir en bateau. Le 27 février, les eaux
furent, dans les endroits les plus bas, 5 pouces ($0^m 13$)
plus haut qu'elles n'avaient paru pendant les années
1649 et 1651. »

L'eau pénétra dans l'église du Saint-Esprit, située
à proximité de la place de Grève (place de l'Hôtel-de-
Ville), et, dans la Grande-Rue, vint baigner les murs
de l'église du Petit-Saint-Antoine.

L'histoire raconte que les pères Célestins eurent
7 pieds de hauteur ($2^m 31$) d'eau dans leur cloître,
et que, dans leur chapelle, la nappe liquide atteignait la hauteur du dernier marche-pied du maître-
autel.

En souvenir de cet événement, une plaque commémorative, gravée dans le marbre, fut scellée sur la
muraille du cloître.

Rue Saint-Denis, l'eau atteignait la rue des Prê-
cheurs. Elle dut venir, par la rue Mont-Marthe, jusque
vers la halle, ou, tout au moins, jusqu'à la pointe

Saint-Eustache, et se joindre à celle qui remplissait la rue Saint-Denis.

La rue Saint-Honoré, depuis la rue des Poulies jusqu'aux Quinze-Vingts (1), et depuis la rue de l'Échelle jusqu'à la porte Saint-Honoré, n'était accessible qu'en bateau.

Au faubourg Saint-Honoré, à la Ville-l'Évêque, et dans certaines parties du Roule, l'eau atteignait, par endroits, jusqu'à 8 et 10 pieds de hauteur (2^m 64 et 3^m 30).

Les faubourgs Saint-Marcel et Saint-Victor, sur la rive gauche, ainsi que tout le quartier Saint-Bernard furent inondés. On allait en bateau depuis Saint-Julien-le-Pauvre et le milieu de la rue des Noyers jusqu'auprès de l'abbaye Saint-Victor, ainsi que dans toute la rue Saint-André-des-Arts, les rues de l'Université, du Bac, et jusqu'à la grille des Jacobins.

L'eau atteignit, à la Maison-Rouge, en amont du fossé de l'Arsenal, la hauteur de 19 pieds (6^m 27), tandis qu'elle monta seulement de 17 pieds (5^m 61) rue de la Savonnerie et à Saint-Cloud.

Cette inondation de 1658 devait laisser dans les mémoires le souvenir d'un immense désastre, celui d'une épouvantable catastrophe.

Dans la nuit du 1er mars, entre 1 heure et 2 heures

---

(1) Les anciens Quinze-Vingts ont été transférés au faubourg Saint-Antoine en 1780.

du matin, et sous la poussée violente du courant, deux arches du pont Marie se rompirent soudain, dans un vacarme effrayant, entraînant avec elles vingt-deux maisons qui, selon la coutume de l'époque, en garnissaient encore les trottoirs, et occasionnant de ce fait la mort d'une vingtaine de personnes.

La banlieue, ainsi que la province, ont eu terriblement à souffrir de cette fatale inondation. Deparcieux, dans un mémoire remis à l'Académie des sciences, estime que, dans toute la partie amont de Paris, — c'est-à-dire celle qui constitue aujourd'hui les localités d'Ivry, de Choisy, d'Alfortville, de Charenton et de Saint-Maurice, — la hauteur de l'eau a dépassé de 3 pieds ($0^m 99$) celle de 1740.

A Vernon, la nuit du 23, l'eau est venue jusqu'à l'image de Notre-Dame des Neiges ($6^m 73$ au-dessus du zéro de l'étiage de Vernon), et a commencé à diminuer vers le soir.

Le 25, le mouvement ascensionnel a recommencé, et l'eau est venue jusqu'au premier pilier de derrière la chapelle ($8^m 22$). Enfin, dans la nuit du 26 au 27, sept arches du pont, sous l'action du courant, ont été emportées, et le 28 l'eau empêchait qu'on approchât de la Mère-Dieu, et environnait le chœur ($8^m 62$).

Deparcieux a relevé, sur divers points de Paris, plusieurs « repères » de l'inondation de 1658. Si certains sont dignes de foi, d'autres, par contre, ne méritent qu'une médiocre confiance.

« Presque tout le monde, — écrit-il dans son *Mémoire*, — connaît l'inscription en marbre qui est dans
le cloître des Célestins, pour l'inondation du 28 février 1658, sans laquelle on douterait peut-être de
ce qu'on trouve ailleurs de cette prodigieuse inondation ; elle monta 33 pouces et demi (0^m 85) plus haut
que celle que nous avons eue en 1740. Je mesurai
cette différence peu de jours après que l'inondation
fut passée, et elle y est encore assez bien marquée
pour qu'on puisse la vérifier : elle est à 28 pouces
(0^m 72) du carreau. On trouve à la Maison-Blanche
ou Folie-Bonnet, près de la barrière Saint-Bernard,
les marques des inondations de 1679, 1711 et 1740.

« Rue du Long-Pont, on voit écrit, à l'appui d'une
fenêtre, en dehors et sans aucune autre marque :
« 1658 en F », qui veut probablement dire février, et
quelques autres griffonnages au-dessous, qu'on voit
à peine, et qu'on ne peut lire, parce que cela est fait
trop négligemment. En 1674, un batelier ayant eu
occasion de passer par là, au moment de l'inondation,
aperçut sur le linteau de la même fenêtre de la maison
voisine de celle dont je viens de parler, près de 7 pieds
(2^m 21) au-dessus de l'écrit de 1658, ces mots : *En
1651, un grand débordement.* Un peu de réflexion fait
comprendre facilement que ces mots disent tout sim-
plement qu'il y eut en cette année un grand débordе-
ment, mais non que l'eau soit montée jusque là ; on
l'écrivit sur ce linteau comme on aurait pu l'écrire
au cinquième étage ou dans un journal parce que

l'inondation fut en effet considérable; on verra, ci-
après, qu'elle fut à environ 3 pieds (0m 99) aussi
haute que celle de 1740. Il en est de cette inscription
comme de celle qui est au coin de la rue de la Sonnerie
et du quai de la Mégisserie pour l'inondation de 1497 :
ceux qui voient cette inscription, qu'on ne peut presque plus lire, croient que l'inondation de cette année
monta jusque là, ce qui la ferait bien plus haute que
celle de 1658, quoi qu'à vrai dire elle fut beaucoup
moins haute que celle de 1711. »

Pour se rendre un compte exact de ce que pouvait
être un pareil fléau, il faut s'en rapporter à Belgrand.
L'érudit écrivain, dans son volume intitulé *La Seine*,
paru en 1872, s'exprimait en ces termes : « Pour se
faire une idée de ces désastres, il faut se figurer les
quartiers de la rive droite submergés depuis Bercy
jusqu'à la rue du Faubourg-Saint-Antoine, jusqu'au
canal Saint-Martin et depuis la place de la Concorde
jusqu'aux fortifications, avec 2 ou 3 mètres d'eau dans
les rues basses d'Auteuil et de Bercy. Qu'on imagine
ce lac se développant sur le tracé de l'ancien égout
de ceinture à travers le faubourg Saint-Honoré et le
quartier de la Madeleine jusqu'au boulevard Sébastopol. Sur la rive gauche, les quais de la Gare, d'Austerlitz, la vallée de la Bièvre, les rues de Seine, de
Lille, de Verneuil, de l'Université, l'Esplanade des
Invalides, le Gros-Caillou et Grenelle seraient entièrement noyés, avec 2 ou 3 mètres d'eau aux points bas,
notamment à la Chambre des députés, au ministère

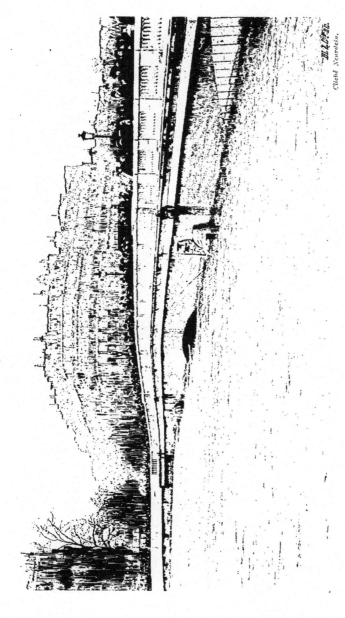

Cliché Neurdein.

Crue de la Seine (janvier 1910). — Le pont de l'Alma avec 50 centimètres de flèche du niveau de l'eau à la clef de voûte de la grande arche.

des affaires étrangères, à Grenelle; les caves à deux
étages des boulevards de Sébastopol, Malesherbes et
de la rue de Rivoli seraient remplies d'eau jusqu'au
rez-de-chaussée. »

Et maintenant, terminons par un trait bien caractéristique et qui démontre combien la fréquence et
l'horreur de pareilles calamités avaient frappé l'ima-
gination des masses.

Au lendemain du désastre de 1658, l'intendant général des fortifications, Pierre Petit, avait proposé
la création d'un canal de décharge qui irait de l'Arsenal jusqu'à Saint-Ouen, en traversant la plaine
Saint-Denis.

Cette inondation parut tellement anormale qu'un
conseiller au Parlement lui répondit : « Dans notre
infortune, nous pouvons avouer que notre salut n'est
pas entre nos mains. Ces inondations aussi fréquentes
que funestes sont des effets de la colère du Ciel.
Élevons notre esprit au-dessus de nos yeux, et consi-
dérons que, regardant toujours la terre pour y trouver
un canal, c'est dans le Ciel que le plus efficace s'y
rencontrera. Le canal dans le Ciel est tout formé,
c'est sainte Geneviève qui est le divin canal par lequel
Dieu fait découler toutes ses grâces. » On doit remarquer qu'au Moyen Age toutes les crues de la Seine
avaient été, dans les imaginations, arrêtées par un
miracle de la sainte. Certes, on peut admirer cet élan
de piété, mais il faut convenir que c'est un bien faible
remède contre le retour de semblables événements.

DE 1658 A 1700

Un grand nombre de crues signalèrent la seconde moitié du dix-septième siècle, de 1658 à 1700. Mais on ne conserve le souvenir que de leurs dates, leur importance ayant été médiocre : 1663, d'après Dulaure ; 1665, du 18 février à mars ; 1671, d'une durée de trois mois ; 1677 ; 26 février 1679, celle-ci ayant déterminé l'écroulement du pont des Tuileries et monté à plus de 21 pieds ; 1684.

En 1690, le cloître Notre-Dame fut inondé, ainsi que la cour du Palais-Royal. L'histoire mentionne, enfin, des débordements en 1693 et 1697 (22 pieds et demi). Nous les notons pour mémoire. A la suite de la crue de 1671, une ordonnance de police avait prescrit l'épuisement obligatoire de l'eau des caves.

LES CRUES DE LA BIÈVRE

Les seizième et dix-septième siècles n'ont pas eu seulement à souffrir des incursions de la Seine. La Bièvre aussi causa mille maux.

Le 15 mai 1526, l'eau envahit tout le faubourg Saint-Marcel ; les maisons furent noyées jusqu'au premier étage. Les abbesses du Val-de-Grâce se lamentèrent sur l'écroulement des murs de leur couvent.

Plus de cinquante ans après, le 8 avril 1579, « tout Paris alla voir le flot qui s'était répandu jusqu'au grand autel des Cordeliers Saint-Marceau (rues Pascal et de Lourcine actuelles) », et l'inondation fit de nombreuses victimes. On la surnomma le « déluge Saint-Marcel ».

Le ruisseau des Gobelins déborda, également, en 1625 et 1665.

Les travaux entrepris postérieurement empêchèrent de nouvelles inondations. La Bièvre était domptée.

CHAPITRE VII

LES CRUES DE LA PREMIÈRE MOITIÉ
DU DIX-HUITIÈME SIÈCLE

***

DE 1700 A 1740

Il est probable que l'année 1701 vit un débordement de la Seine, car une ordonnance de police prescrivit la vidange des caves.

Plus précis sont les renseignements concernant l'inondation de 1709, causée par un hiver particulièrement rigoureux. Le fleuve se prit, et la débâcle emporta le pont de bois reliant l'île du Palais à l'île Notre-Dame.

L'inondation de 1711 commença avec le début de mars, à la suite de neiges abondantes et de pluies en février. Suivant Deparcieux, elle atteignit la cote 7m 62. Les ponts de Paris n'en furent point endommagés, mais l'eau parvint à la place de Grève jusqu'à la rue de la Tannerie. Une inscription commémorative fut apposée sur la boutique d'un limonadier, qui faisait le coin de la place et de la rue. Un second document, « écrit avec soin et intelligence », fut gravé contre le mur de Saint-Denis-de-la-Chartre, vers le milieu de l'escalier de la rue de Glatigni. Place Maubert, au coin de la rue Perdue, une plaque fut également apposée, ainsi qu'au mur de la maison des Petits-Augustins (rue des Saints-Pères). Rues et plaques ont depuis disparu.

On n'est pas bien sûr qu'une inondation ne se soit pas produite en 1719. On en a même donné la cote (8m 20 à la Tournelle); mais les documents authentiques manquent à ce sujet.

Il n'en fut pas de même en 1726. L'année 1725 avait été essentiellement mouillée. La Seine ravagea toutes les régions basses de son bassin. A Paris, le froid fut vif, en fin de janvier et au début de février 1726. Un embâcle paralysa la navigation. Lors de la fusion, quatre moulins, voisins du Pont-au-Change, furent arrachés; l'un d'eux alla s'échouer au pont Royal, un second à Sèvres. Mais l'inondation fut beaucoup plus bénigne qu'en 1711.

Une crue a été également mentionnée pour 1733. Cette date est controuvée.

LA MISSION DE BUACHE

La crue de décembre 1740, beaucoup plus importante que celle de 1711, avait frappé les imaginations dès le début de l'inondation. L'Académie des sciences pensa qu'il convenait, pour la postérité, de conserver le souvenir précis des zones envahies par les eaux, et confia cette délicate mission à Philippe Buache, savant actif, hydrologue avisé, qui avait succédé à de l'Isle sur les bancs de la docte compagnie à l'âge de trente ans, et qui préludait alors à l'ébauche de son système de géographie physique et naturelle basé sur la distribution du globe en bassins ou cuvettes selon le cours des rivières.

Buache se mit à l'œuvre avec toute la rigueur d'un mathématicien, « notant presque jour par jour » les débordements de la Seine, et s'adjoignant — attendu « qu'il n'est pas possible d'être partout au même jour » — le concours de personnes capables d'enregistrer toutes observations nécessaires, qu'il « vérifiait aussitôt ».

Lui-même, du 25 au 27, prit soin de relever la plus grande hauteur des eaux en divers endroits, et à plusieurs reprises : le 25, à midi, 2 heures et 8 heures; le 26, à 7 heures du matin, entre autres.

Il constata ainsi que le maximum de la crue fut atteint le 25 décembre, aux parages de 9 heures du soir.

Muni de ces documents authentiques, Buache établit une carte des parties inondées de la capitale, à laquelle il donna le titre de « Plan du cours de la Seine dans la traversée de Paris, relatif aux observations faites par Philippe Buache sur l'étendue et la hauteur de l'inondation du mois de décembre 1740 », et dont la gravure fut confiée au cartographe Desbrulins (7 janvier 1741).

Ce plan fut reproduit bientôt par Bonamy sous le titre de « Plan de Paris, où l'on voit l'inondation tant extérieure que souterraine, arrivée au mois de décembre 1740, sur les observations faites par M. Buache, de l'Académie des sciences ».

Le géographe, en effet, ne s'était pas contenté de délimiter le périmètre submergé, il avait cru devoir explorer le sous-sol et dresser le croquis des caves atteintes par les eaux, soit parce que les terrains, bien que placés, par rapport au fleuve, en arrière de croupes inattaquées, fussent au-dessous du niveau de la rivière en crue, soit que l'engorgement des égouts eût déterminé des infiltrations loin des berges de la Seine.

Buache ne manqua pas d'observer « que la crue eut pour effet de refluer des eaux très avant dans Paris » dans des poches qui durent à leur ceinture de glaises ou de rochers de n'être envahies qu'après l'heure critique du phénomène, et qui se dégorgèrent fort tardivement, quand tout était rentré dans l'ordre.

Son premier travail, que l'Académie édita en 1741, devait être complété l'année suivante (26 mars 1742) par l' « Exposé d'un plan hydrographique de la ville de Paris », fruit de recherches très laborieuses. L'auteur avait fait « treize observations de la profondeur du sol », en suivant une ligne orientée du midi au nord et comprise entre l'Observatoire et la porte Saint-Martin. Il avait pratiqué quatre nivellements, opéré des sondages. Dans cette tâche difficile, il avait obtenu

le concours de M. de Sirebeau, premier fontainier de
la cité.

Il put de la sorte indiquer sur les plans qu'il publia
le cours souterrain ou aérien des « eaux de rivières,
fontaines et ruisseaux », la profondeur des puits, la
pente des voies publiques, le chenal navigable de la
Seine, et préciser, au besoin, les enseignements conte-
nus dans son œuvre de 1741 sur la crue de 1740. Il
conclut de ses études qu'une nappe aquifère existe
au-dessous de Paris. Les récentes fouilles du Métropolitain lui ont partiellement donné raison.

Mais, dans l'idée de Buache, ses recherches hydrologiques ne devaient point avoir un pur objet théo-
rique. Il entendait être utile à la capitale, l'éclairer
sur les périls auxquels ·elle devait songer. On lit, en
effet, dans un de ses commentaires, ces mots : « Ces
observations ne sont pas simple curiosité; il faudrait
y avoir égard dans la construction des maisons comprises dans cet espace (celui qui avait été inondé),
soit pour régler la solidité des fondations, soit pour
l'exhaussement du sol du rez-de-chaussée. Si on avait
fait attention à 1711, la cour et les offices du Palais-
Bourbon n'eussent pas été inondés en 1741. »

Il rappelait déjà ces enseignements dans un car-
touche du plan de 1741, où il réclamait l'apposition
de plaques et d'inscriptions sur les locaux atteints
par la crue, afin de les préserver, pour l'avenir, contre
le fléau de l'eau et déterminer les services de voirie
à distribuer en conséquence les pentes des ruisseaux.

Il est, toutefois, regrettable que de telles considérations, émanant d'un homme aussi considérable que Buache, n'aient pas trouvé un écho immédiat dans les milieux officiels, et qu'on ait commis les mêmes errements que dans le passé.

L'épouvante évanouie, on ne pensa plus à la Seine qui, en 1751, commit encore des méfaits. L'Académie, à nouveau, confia à Buache le soin « d'en examiner le progrès et les différentes circonstances », pour qu'on pût faire la comparaison avec les inondations précédentes.

LA CRUE DE 1740

Les limites de Paris, en 1740, étaient à peu près les suivantes : en amont (rive gauche), le Jardin du Roy (Jardin des Plantes) et, en aval, le Palais-Bourbon; sur la rive droite, en amont, la pointe de l'Arsenal (à l'endroit où se trouve aujourd'hui la station « Austerlitz » du Métropolitain) et, en aval, la porte de la Conférence (vers la place de la Concorde). D'autre part, la ville s'étendait, au nord, jusqu'à la porte Saint-Denis et, au sud, jusqu'à l'Observatoire.

Si nous nous reportons à un plan de Paris moderne, nous constatons que le Paris de Louis XV s'étendait : sur la rive gauche, de la place Valhubert au Palais-Bourbon, en passant par les boulevards de l'Hôpital, Saint-Marcel, de Port-Royal, du Montparnasse, des Invalides et la rue de Bourgogne; sur la rive droite, les limites en étaient assez précisément la place de

la Concorde, la rue Royale, les boulevards de la
Madeleine, des Capucines, des Italiens, Montmartre,
Poissonnière, Bonne-Nouvelle, Saint-Denis, Saint-
Martin, la place de la République, les boulevards
Voltaire, Richard-Lenoir, la place de la Bastille, et
enfin le boulevard de la Bastille qui constituaient,
sur la rive droite, la ligne dite « des Remparts ».

Le fleuve, à peine entré dans Paris, se divisait en
deux bras séparés par l'île Louviers (aujourd'hui
disparue, le bras droit de la Seine ayant été comblé,
et l'île étant de ce fait réunie à la rive droite. Le boulevard Morland occupe l'emplacement du bras droit
et le quai Henri IV limite la rive gauche de l'île disparue, l'île Saint-Louis et l'île du Palais, ou la Cité.
Nous ne citons que pour mémoire l'île des Cygnes,
qui se trouvait en dehors de l'enceinte de la capitale.

Le pont Gramont, disparu avec l'île Louviers, re-
liait celle-ci à la rive droite.

L'île Saint-Louis communiquait avec la rive droite
au moyen du pont Marie, et avec la rive gauche, par
celui de la Tournelle.

La Cité, mieux partagée, assurait ses communications à l'aide de cinq ponts : le Petit-Pont, le pont
Notre-Dame, le pont Saint-Michel, le Pont-au-Change
et, enfin, à l'extrémité de l'île, le Pont-Neuf.

Le dernier pont que l'on rencontrait en aval de
Paris était le Pont-Royal, qui mettait la rue du Bac
en relation directe avec le Louvre.

Buache, dans ses recherches, a constaté que le courant du fleuve ne suivait pas d'une façon uniforme les rives que lui a assignées la nature. Il a, notamment, sur une carte, marqué au moyen de flèches les points d'inflexion de cette direction, car, dit-il, « quoique le courant s'approche en général de la côte septentrionale (rive droite) à cause que le terrain du midi (rive gauche) est plus élevé, cependant il ne suit pas exactement la figure des bords du lit de la rivière dans le temps des basses eaux, pendant l'inondation et pendant la sécheresse ».

Il est assez difficile, pour ne pas dire impossible, de donner la nomenclature exacte de toutes les rues qui furent envahies en 1740, pour la simple raison que, depuis Buache, la physionomie de Paris a considérablement changé, et que la plupart des voies alors existantes ont disparu. Nous nous sommes astreint à noter le développement de l'inondation le plus fidèlement possible, et, avec la carte ci-annexée, le lecteur pourra facilement se rendre un compte exact de l'étendue du désastre.

La rivière de Bièvre, ou des Gobelins, qui venait se jeter dans la Seine un peu au-dessus de la barrière amont de Paris (à l'endroit où se trouve maintenant le boulevard de la Gare) avait, par suite du débordement de ses deux rives, inondé la partie du XIIIe arrondissement actuel qui s'étend vers Ivry, et, sur sa rive gauche, les bâtiments de la Salpêtrière, toute la partie de terrain occupée par la gare d'Orléans, ainsi que le quai d'Austerlitz, où ses eaux se joignaient à celles de la Seine. L'eau vient battre le mur du « Jardin du Roy » (Jardin des Plantes), et entre profondément dans le chemin de Seine (rue Cuvier), l'abbaye Saint-Victor, la halle aux vins, et la partie de la rue des Fossés-Saint-Bernard longeant la halle aux vins (à cette époque, la rue des Fossés-Saint-Bernard se continuait jusqu'à la hauteur de la rue Monge actuelle où son prolongement devenait la rue des Fossés-Saint-Victor. Ces deux tronçons forment aujourd'hui la rue du Cardinal-Lemoine).

Entrant par la porte Saint-Bernard, située sur le quai, l'eau vient inonder l'église Saint-Nicolas-du-Chardonnet, redescend ensuite vers la Seine et, après avoir décrit un demi-cercle, envahit la place Maubert et une partie de la rue Saint-Victor. Tous les quais, depuis celui de Bercy jusqu'au quai Saint-Michel, sont submergés.

La nappe liquide a gagné la rue Saint-André-des-Arts, le quai des Grands-Augustins et la partie basse de toutes les rues qui y aboutissent, le collège des Quatre-Nations (l'Institut) et la rue de Seine, jusqu'à la hauteur de la rue Jacob.

Au carrefour de la rue Jacob et de l'enclos de l'abbaye de Saint-Germain-des-Prés, un petit rond isolé nous indique, sur la carte de Buache, une inondation par infiltrations.

Le Petit-Augustin, la rue de Bellechasse jusqu'à la rue Saint-Dominique et une partie des rues de Bour-

bon, de Verneuil, de l'Université et la rue de Bourgogne sont devenues, à leur tour, de véritables rues
vénitiennes. Quant au Palais-Bourbon, entièrement
entouré d'eau, il constitue un véritable îlot, émergeant
du fleuve.

En dehors de Paris, l'eau s'étend sur l'Esplanade
des Invalides jusqu'au milieu de la partie située entre
les rues Saint-Dominique et de Grenelle. Au delà de
l'Esplanade, la plaine a été transformée en un véritable lac, dont la nappe s'allonge sur la rive droite
jusqu'à la hauteur du « grand égout découvert, exécuté et fini en 1740 par les ordres et soins de M. Tur-
got et de MM. les Échevins, et qui avait sa sortie dans
la rivière, vers Chaillot ».

Dans Paris, l'île Louviers et, « extra-muros » aval,
l'île des Cygnes sont complètement couvertes par la
Seine.

La rive droite n'a pas eu moins à souffrir que la
gauche. L'eau a gagné les rues de Bercy, Traversières,
Moreau jusqu'à la rue du Faubourg-Saint-Antoine,
et pénétré dans les rues Sainte-Marguerite et de Charonne, ainsi que dans la partie basse de la rue de la
Roquette. Au delà de la rue des Fossés-Saint-Antoine,
l'eau se prolonge en une vaste lagune, atteignant la
hauteur du réservoir du grand égout, situé derrière
les Filles-du-Calvaire, c'est-à-dire à peu près à l'endroit où se trouve actuellement la place de la République. L'inondation atteint les Célestins (boulevard
Henri-IV) et une partie des rues aboutissant à l'Ar-

senal. La place de Grève, aujourd'hui de l'Hôtel-de-Ville, ainsi que tous les quais jusqu'au Louvre, sont recouverts par les flots, qui, pénétrant de nouveau dans les terres, atteignent la hauteur des Pères-de-l'Oratoire et, derrière les Tuileries, l'endroit où se trouvent aujourd'hui les dernières maisons de la rue de Rivoli. La place de la Concorde, la rue Boissy-d'Anglas jusqu'à la rue Saint-Honoré, sont à leur tour victimes du fléau.

Les Champs-Élysées, le Cours-la-Reine et le haut du faubourg Saint-Honoré jusqu'au grand égout, constituent, avec, sur la rive gauche, la plaine de Grenelle, le lac dont nous parlions plus haut, et dont le terminus, sur la rive droite, se trouve à la hauteur de l'église Saint-Jacques et Saint-Philippe-du-Roule.

L'inondation souterraine a été marquée, dans Buache, par des hachures moins fortes que celles indiquant l'inondation superficielle. Il ne s'ensuit pas que toutes les caves comprises dans ce périmètre d'invasion aient été submergées. Buache lui-même a constaté le fait, et nous en a laissé la note suivante : « Il se trouve en même temps des caves qui ne furent pas remplies d'eau, quoique beaucoup plus basses que quelques autres où l'eau avait pénétré, ce qui donne lieu de penser que ces endroits sont entourés de bancs de glaise, de tuf ou de roche qui les en ont garanties. »

L'inondation souterraine proprement dite commence au Jardin du Roy (Jardin des Plantes), englobe une partie des rues Cuvier, des Fossés-Saint-Bernard, de Saint-Victor, des Cordeliers, et remonte sur la rive gauche jusqu'à la hauteur de la Foire-Saint-Germain (actuellement Marché-Saint-Germain, rue de Montfaucon), redescend vers les rues des Saints-Pères, du Bac, de Bourgogne, jusqu'à l'Esplanade des Invalides.

Sur la rive droite, l'infiltration atteint toute la partie comprise depuis l'Arsenal jusqu'au delà de la rue Saint-Gilles, en redescendant, par la rue Saint-Avoye, jusqu'à l'église Saint-Merry, en passant ensuite par la rue Sainte-Opportune (rue des Lavandières-Sainte-Opportune), la rue Saint-Honoré, devant le Palais-Royal, et remontant brusquement pour traverser la rue Neuve-des-Petits-Champs, et aboutir, en dégageant la place Louis-le-Grand (place Vendôme), à la ligne des remparts (nos grands boulevards).

Plusieurs écrivains nous ont laissé, de cette crue mémorable, des relations très complètes. Parmi ceux-ci, l'avocat Barbier nous a donné, dans son journal, une description des plus pittoresques du fléau : « Actuellement (25 déc. 1740), Paris est entièrement inondé. D'un côté, la plaine de Grenelle et tout le canton des Invalides, le grand chemin de Chaillot, le Cours et les Champs-Élysées, tout est couvert d'eau. Elle vient même, par la porte Saint-Honoré, jusqu'à la place Vendôme. Le quai du Louvre, le quai de la Ferraille (le quai de la Mégisserie), le quai des Augustins, la rue Fromenteau (qui allait du quai du

Louvre à la rue Saint-Honoré), jusqu'à la place du Palais-Royal, tout est en eau. On ne passe plus qu'en bateau; le côté de Bercy, de la Rapée, de l'Hôpital-Général (la Salpêtrière), de la porte et du quai Saint-Bernard, c'est une pleine mer. La place Maubert, la rue de Bièvre, la rue Perdue, la rue Galande, la rue des Rats (rue de l'Hôtel-Colbert), la rue du Fouarre, c'est pleine rivière. Toutes les boutiques sont fermées; de tous côtés, on est réfugié au premier étage, et c'est un concours de bateaux comme, en été, au passage des Quatre-Nations (l'Institut). Sur le Port-au-Blé (quai des Célestins), l'eau va au-dessus des portes cochères. La place de Grève (place de l'Hôtel-de-Ville) est remplie d'eau, la rivière y tombe par-dessus le parapet; toutes les rues des environs sont inondées; dans les maisons à porte cochère, les bateaux entrent jusqu'à l'escalier, comme les carrosses feraient. Il y a plus : dans toutes les rues de Paris où il y a des égouts, l'eau de la rivière y gonfle, se répand dans la rue, et il faut y passer dans des bateaux ou sur des planches. La rue de Seine, faubourg Saint-Germain, est remplie d'eau qui entre des deux côtés dans les maisons.

« La police a fait déménager, il y a deux jours, tous les marchands et locataires qui sont sur les ponts Saint-Michel, au Change, Notre-Dame et Pont-Marie. L'eau est si rapide et si haute qu'on craint fort qu'elle ne les jette à bas; les arches, surtout des deux bouts, sont à peu de choses près bouchées; on ne passe donc que sur le Pont-Royal et le Pont-Neuf, car le pont de la

Tournelle n'est pas accessible. Tous les habitants de
l'île Notre-Dame sont enfermés et ne peuvent point
sortir en carrosse, ni du côté de la porte Saint-Bernard,
dont le quai est rivière. Les gens de pied ne passent
plus même sur le pont de bois qui va à Notre-Dame
(le pont Rouge, qui faisait communiquer l'île de la Cité
et l'île Saint-Louis). On dit aussi que la rivière des
Gobelins (la Bièvre) est débordée et que le faubourg
Saint-Marcel est plein d'eau. »

La situation des ponts était devenue des plus pré-
caires. Tous, à part le Pont-Neuf et le pont Royal,
avaient dû être gardés militairement, et l'accès en
avait été rigoureusement interdit aux piétons; aussi,
la situation s'aggravant, se vit-on dans l'obligation
de faire abattre dix-huit maisons du pont Marie, les
ailes, du côté du port Saint-Paul, menaçant ruine.

La circulation étant de plus en plus difficile dans
certains quartiers, notamment aux environs de la
place Maubert, la ville organisa un service de bachots.
Les passeurs recevaient de ce fait 40 sols par jour, et
défense leur était faite de percevoir plus d'un liard
par personne. Les communications ne pouvant plus
se faire par voie d'eau et devenant de plus en plus
impraticables par voie de terre, « la ville, — nous dit
Barbier, — avait été à deux jours de sa perte par le
défaut de farine, par l'impossibilité d'aborder aux
moulins à vent, ni de jouir des moulins à eau ».

Heureusement, le gouvernement avait eu la sage
précaution de faire venir de province et des pays

étrangers de grandes quantités de blé, qui avaient été emmagasinées dans les couvents et les hôpitaux.

Toutefois, en prévision d'une trop grande longueur du fléau, interdiction fut faite aux boulangers et aux pâtissiers de confectionner le légendaire gâteau des Rois, et cela sous peine d'une amende de 500 livres.

Malgré cela, et s'il faut en croire les chroniqueurs du temps, le bon peuple de Paris sut conserver sa gaieté, et si, parfois, on se serrait un peu la ceinture, un mot, une pointe, lancés à la volée, déridaient vite les fronts les plus moroses.

A la suite de ce désastre, et suivant le vœu exprimé par Buache, diverses marques commémoratives des hauteurs atteintes par les eaux furent apposées sur différents points de la capitale.

Ce fut, d'abord, sur l'une des piles du Pont-Royal, où on inscrivit la date : 1740. A l'hospice des Quinze-Vingts (alors hôtel des Mousquetaires-Noirs), une pierre fut encastrée dans le mur extérieur, et à la hauteur de 83 centimètres du sol. Son inscription était ainsi conçue : « *Le 25 décembre 1740, la pointe de la rivierre est venue vis-à-vis devant cette pierre.* »

Une autre inscription, de même origine, existait, il y a quelques années encore, dans le mur extérieur de l'hôpital Trousseau, à 1m 17 du trottoir. Le texte en était ainsi libellé : « *Lané. Mill. Cept. Cent. XXXX. Le. 25. De Bc. Lau. a. monté. ici.* »

Lorsque, il y a quelques années, la démolition de l'hôpital Trousseau fut décidée, on s'occupa du sort

réservé à cette pierre commémorative. On proposa
d'encadrer cet intéressant repère de la crue d'un cadre
de métal et de la recouvrir d'un gros verre, ainsi que
le repère des Quinze-Vingts. La Commission du vieux
Paris émit alors le vœu que la pierre de l'hôpital
Trousseau fût insérée dans la fontaine voisine, au cas
où celle-ci échapperait à la pioche des démolisseurs.
Malheureusement, la fontaine a subi le lot de l'hôpital, et, aujourd'hui, on n'est guère fixé sur le sort
de cet intéressant témoin de la crue de 1740. Peut-être,
en haut lieu, n'a-t-on vu là qu'un simple objet de
curiosité, et il ne faut pas s'étonner dès lors qu'elle
soit tombée dans le tombereau du démolisseur et
partie vers des destinées inconnues (1).

(1) Voici, d'après le mémoire de Bonamy, le tableau des hauteurs
de l'eau à l'échelle du pont de la Tournelle, pendant les mois de
décembre 1740 et janvier 1741.

	DÉCEMBRE 1740	JANVIER 1741		DÉCEMBRE 1740	JANVIER 1741
	m	m		m	m
1	2,71	6,73	17	5,90	5,12
2	2,68	5,96	18	5,87	5,12
3	2,60	5,52	19	5,88	4,93
4	2,65	5,37	20	5,79	4,82
5	3,09	5,50	21	5,93	4,74
6	3,84	5,71	22	6,20	4,22
7	4,44	5,82	23	6,82	3,68
8	4,71	5,85	24	7,36	3,38
9	5,25	5,90	25	7,80	2,22
10	5,14	5,93	26	7,90	2,92
11	4,30	3,96	27	7,74	2,79
12	8,87	5,82	28	7,66	2,76
13	5,52	5,58	29	7,72	2,76
14	6,06	5,58	30	7,55	2,98
15	6,01	5,17	31	7,20	3,30
16	5,96	5,06			

CHAPITRE VIII

LES CRUES DE 1750 A 1802

1751 ET 1764

Toutes les crues de la Seine n'ont pas eu l'importance de celle de 1740, et encore moins de l'inondation de 1658, dont, sans doute, le désastre n'a jamais été dépassé, et même ne s'est jamais renouvelé.

Deparcieux, qui écrivit : « On ne peut guère nommer inondations remarquables les crues qui n'en mettent pas plus de trois pieds (0ᵐ 99) sur le pavé à l'entrée du guichet Froidmanteau, au Louvre », s'accorde à reconnaître que l'inondation de 1751 fut moindre que celle de 1740.

L'hiver fut assez rigoureux, les neiges, les vents violents et les pluies continuelles n'avaient pas été sans inspirer de vives inquiétudes à la population riveraine. La fonte des neiges et les grandes pluies dans les hauts pays finirent par faire déborder la rivière.

Bientôt l'inondation s'étend de la rue de Bièvre à la fontaine de la place Maubert, sur le quai des Augustins vis-à-vis la rue Gît-le-Cœur, et sur le quai du Louvre.

On ne pénètre plus à l'hôtel de ville, place de Grève, qu'en bateau; enfin, tout le chemin de Versailles, le cours la Reine et les Champs-Élysées sont, à leur tour, envahis. Cependant, le 22 mars, l'eau est encore moins haute de 3 pieds (0^m 99) qu'en 1740. La cote maxima de cette inondation fut de 6^m 70 au pont de la Tournelle, et de 7^m 33 à l'étiage du Pont-Royal.

Par suite de la difficulté de l'acheminement des vivres sur Paris, le poisson et les légumes subirent une hausse considérable.

Une marque commémorative de cette inondation, ainsi que de celles de 1690, 1711 et 1740, se trouve gravée à côté de la grande porte du bâtiment de la machine de Marly.

Comme on le voit par ce qui précède, seules les populations riveraines eurent à souffrir de ce débordement.

Deparcieux, qui fut l'élève et le continuateur de Ph. Buache, fut chargé par l'Académie des sciences de donner à cette illustre assemblée un compte rendu très exact de la crue de 1764.

Cette crue fut, en effet, assez importante pour que le souvenir en fût noté d'une façon précise.

Supérieure à la précédente, elle présente beaucoup d'analogie avec celle de 1740.

L'hiver avait été très rigoureux, tant à Paris qu'en province, et, depuis la fin de novembre, la neige était tombée, en grande abondance, dans les régions du centre.

« Vers le milieu du mois de décembre, écrit Deparcieux, on constata avec étonnement que, pendant environ huit jours, les baromètres avaient annoncé la plus grande tempête et que le mercure était alors descendu au plus bas où il était possible de le voir. » Nous ferons remarquer que le même phénomène s'est produit en janvier 1910.

Sur la fin du mois, la Seine ayant grossi, la navigation dut être arrêtée pendant quelques jours. Un mouvement de rabais s'étant produit, elle fut, toutefois, rétablie au commencement de janvier. Jusqu'à la fin du mois, la température s'adoucit, au point que les abricotiers et les amandiers commençaient à fleurir.

Tout à coup, le vendredi 27, un vent violent sud-sud-ouest s'éleva; le samedi 28, il devint ouragan, et la pluie commença à tomber. C'est de ce jour que la Seine se mit à croître. Le dimanche 29, le vent fut moins violent, mais la pluie persista. Le lundi 30, le vent était complètement tombé, et la température resta à peu près égale, pendant quelques jours.

Le 5 février, le vent tourna à l'est. La crue, qui avait commencé le 28 janvier, et avec elle l'inondation des quartiers bas, atteignait le 7 la hauteur de 20 pieds 8 pouces (6m 85).

En présence du danger croissant, le bureau de l'hôtel de ville fait évacuer les immeubles construits sur les ponts; le 9, ceux-ci étaient gardés militairement, et leur accès interdit aux piétons.

L'eau atteignit sa plus grande hauteur dans la nuit du 8 au 9; elle fut de 21 pieds 10 pouces (7^m 15). Le 9 février, à midi, le rabais commençait. Les quartiers de Paris, toujours d'après Deparcieux, sont à cette époque à peu près les mêmes qu'en 1740. Seule, la pointe de l'île Louviers, située du côté de l'estacade, a été surélevée.

La plupart des terrains envahis par l'eau en 1740 le furent de nouveau en 1764. La plaine d'Ivry, le Port-à-l'Anglais, les jardins de Conflans et de Bercy, le port et les chantiers de la Rapée furent atteints par les eaux, qui, refluées par les fossés de l'Arsenal, s'étendirent au delà du Pont-aux-Choux. Le bastion du pavillon de l'Arsenal était entouré d'eau. D'autre part, l'eau refluant par l'égout situé près de la porte de l'Arsenal, commençait à s'étendre sur le quai, recouvrant tout le Port-au-Blé, depuis l'extrémité de la Place-aux-Veaux jusqu'à l'entrée de la rue Geoffroy-l'Asnier. On allait en bateau place de Grève, l'eau s'y étendant jusqu'à la chapelle du Saint-Esprit; et toute la partie basse du quai Pelletier, ainsi que le port Saint-Nicolas, étaient submergés. L'extrémité de la rue Saint-Honoré, près l'Assomption, participait également à l'inondation. Quant au cours la Reine et aux Champs-Élysées, ils ne formaient plus qu'un lac.

Sur la rive gauche, toute la zone située entre la barrière Saint-Bernard et la Halle-aux-Vins était noyée, et, quai de la Tournelle, l'eau était montée sur le pavé. Refluant ensuite par les grands degrés, et l'égout de la place Maubert, situé à l'entrée de la rue des Bernardins, elle pénétrait jusqu'au tiers de la rue de Bièvre, inondait les rues Perdue, Pavée, la place Maubert, la rue de la Huchette, et deux ruelles qui descendaient à la Seine, celles du Chat-qui-Pêche et des Trois-Chandeliers.

Enfin, les extrémités des rues de la Vieille-Boucherie et de Saint-André-des-Arts ne pouvaient communiquer.

Le quai des Augustins fut, à son tour, envahi, l'eau ayant reflué par l'égout vis-à-vis la rue Gît-le-Cœur.

La rue de l'Université, le quai d'Orsay, le port de la Grenouillère et la rue de Bourgogne étaient devenus navigables. Le Palais-Bourbon et les hôtels avoisinants formaient une île. L'eau couvrait la moitié de l'Esplanade des Invalides, et noyait la plus grande partie du quartier du Gros-Caillou et de l'École militaire; et, dans la banlieue aval, la nappe liquide prolongeait des flots jaunâtres à travers les jardins des maisons de Vaugirard, la plaine d'Issy, une partie des Moulineaux, jusqu'au pied des coteaux de Bellevue, de Meudon, et l'entrée du village de Sèvres.

En Seine, l'île Louviers était presque entièrement recouverte, et, dans la crainte que la violence du courant n'entraînât le pont Grammont, on se vit forcé de le recouvrir de pavés pour l'assujettir et lui donner plus de poids.

Dans la Cité, la cour de la Présidence, la rue du Cloître et la partie de l'abside de Notre-Dame qui aboutit au Pont-Rouge, furent également victimes du fléau.

A l'encontre des grandes inondations précédentes, l'île des Cygnes ne fut pas recouverte dans toute sa longueur.

*
* *

Pendant environ vingt ans, le fleuve s'assagit, et, deux fois seulement, ses eaux dépassent la cote de 4 mètres. Le 24 et le 25 décembre 1779, elles atteignent 12 pieds 6 pouces (4^m 11), et, le 18 janvier 1783, 12 pieds 5 pouces (4^m 09). Au mois de mars de cette même année, les eaux se maintinrent très grosses pendant une huitaine de jours, et leur maximum arriva, le 10, à 17 pieds 1 pouce (5^m 63).

L'année 1784 fut désastreuse. Une grande quantité de neige étant tombée tant à Paris qu'en province, une gelée formidable, qui dura plus de six semaines, avait amené une débâcle d'une gravité exceptionnelle. La Seine commença à grossir le 25 février, et, le 4 mars, elle était à 6^m 66 au-dessus du zéro du pont de la Tournelle.

L'hiver de 1787-1788 fut très froid, et causa des gelées d'une intensité peu commune. La neige, toutefois, fut peu abondante. Au moment de la débâcle, survenue le 9 janvier, le fleuve avait atteint 14 pieds 6 pouces (4^m 87); le 21 janvier 1789, 12 pieds 6 pouces (4^m 11), et le 5 avril suivant 13 pieds 6 pouces (4^m 44); le 26 décembre 1790, on cota 12 pieds 11 pouces

(4^m 24); le 17 janvier 1791, 15 pieds 3 pouces (5^m 02); le 30 décembre 1792, 14 pieds 2 pouces (4^m 68), et le 16 janvier 1793, 13 pieds 6 pouces (4^m 44).

Il se produisit, en 1795, une très importante crue de débâcle. L'hiver avait été particulièrement pénible et, chose assez rare, on avait vu le thermomètre descendre à 16° au-dessous de zéro. Le 28 janvier, la rivière était prise; la température s'étant subitement radoucie, la glace se rompit quelques jours après; et, tandis qu'au moment du dégel l'eau n'atteignait que 5 pieds 6 pouces (1^m 18), le lendemain, elle montait à 15 pieds 3 pouces (5^m 71).

Pendant quatre années, la Seine resta calme, et ce n'est qu'en 1799 que l'eau se répandit de nouveau sur le sol parisien. Le 1er janvier, le dégel commença, et avec lui des pluies torrentielles. Le 25, les eaux étaient si hautes que tous les égouts refluaient dans les rues. Le 16 février, l'eau atteignait 7^m 50. Le quai du Louvre, le port au Blé, la place de Grève, le quai de la Vallée (Mégisserie), les rues Saint-Florentin et Saint-Honoré n'étaient plus accessibles qu'en bateau. La route de Versailles fut coupée, et l'eau, ayant passé par-dessus les parapets, avait envahi les Champs-Élysées. Le 18, l'eau commençait à se retirer.

On le voit, à part l'inondation de 1764, toutes les dernières crues n'ont qu'un intérêt médiocre. La plupart ont eu pour point de départ une débâcle, et peu d'entre elles ont bénéficié de l'accroissement des affluents du fleuve.

Nous arrivons maintenant à la crue de 1802, qui conservera le triste privilège d'avoir été la plus importante du dix-neuvième siècle, et qui n'a, depuis, été dépassée que par le phénomène qui vient de nous faire vivre huit jours d'angoisses.

LA CRUE DE 1802

Bralle nous a laissé de l'inondation de 1802 une monographie très complète, d'autant plus précise qu'il fut témoin de l'événement, et d'une documentation telle que la plupart des auteurs qui ont postérieurement écrit sur les inondations, comme Belgrand et Champion, n'ont pas craint d'avoir recours à ce précieux mémoire. Nous ne pouvons faire mieux que d'imiter leur exemple.

Cette inondation de 1802, presque aussi considérable que celle de 1740, puisque cette dernière ne l'a dépassé que de 25 centimètres, fut surtout remarquable par la longueur inusitée de sa période croissante. Celle-ci fut exactement de quatre-vingts jours; commencée le 15 octobre 1801, elle ne prit fin que le 3 janvier 1802.

« Il n'y avait presque pas eu de neige, mais des pluies assez fréquentes étaient tombées pendant les six mois qui avaient précédé l'inondation. Toutefois, elles furent si peu abondantes que la Seine ne grossit guère plus que d'un mètre. Ce fut en brumaire (5 novembre) que les eaux s'élevèrent au-dessus du second mètre et, le dernier jour de ce mois, elles n'étaient encore qu'à 1m 83. Le 10 frimaire (1er décembre 1801) les eaux de la Seine étaient à 4m 32, au-dessus du zéro de l'échelle du pont de la Tournelle. Le 14, elles atteignaient 5m 62 et couvraient la route de Versailles, les quais d'Orsay, du Louvre, de la Rapée, de l'Hôpital, de Saint-Bernard et de la Grève. Des passerelles en planches et un service de bachotage assuraient les communications. Dans la nuit du 18, les eaux étaient à 6m 22, niveau qui se maintint pendant six jours.

« Déjà, plusieurs habitations de la banlieue avaient été entraînées. Le 19, on apprit que les vagues secondées par le vent avaient abattu les murs de clôture de la verrerie de la gare, déraciné les haies et renversé plusieurs maisons. Le 22, les eaux atteignaient la cote de 6m 21. La partie de la pointe orientale de l'île Louviers, qui était composée de terres rapportées, fut entraînée. Le 23, les eaux commencèrent à baisser et diminuèrent encore pendant les derniers jours de frimaire et jusqu'au 4 nivôse (25 décembre). »

Belgrand fait à ce sujet une observation qu'il convient de relever. « Bralle, écrit-il, oublie de faire mention de la grande gelée, qui est indispensable pour expliquer la débâcle du 3 janvier, les eaux s'étant abaissées au point que, le 25 décembre, elles n'atteignaient plus que 3m 41. »

« Le 5, continue Bralle, elles recommencèrent à croître pour atteindre, le 12 (2 janvier 1802), à 7m 10, c'est-à-dire à 89 centimètres de plus que l'inondation des derniers mois de 1801.

« Les ponts Saint-Michel et de Grammont donnaient, par leur vétusté, les plus vives inquiétudes. Le 13 nivôse (3 janvier), les eaux atteignaient 7^m 32; — le maximum de la crue, survenu ce jour même, serait, d'après Belgrand, de 7^m 45 à l'étiage du pont de la Tournelle.

« L'île de la Fraternité (île Saint-Louis) était, dans sa partie orientale, recouverte par une nappe d'eau de 50 centimètres de hauteur, et la pensée ne se reportait qu'avec effroi vers l'estacade trop basse de plus de 71 centimètres pour être au niveau des glaces qui la franchissaient. Dix-huit chantiers bordant le quai Saint-Bernard étaient inaccessibles, et les glaces, réunies en masses énormes, fracassaient ou entraînaient tout ce que le débordement semblait avoir respecté. C'est ainsi qu'une partie de la barrière de la Rapée fut entraînée. A 1 heure du matin, l'eau s'était élevée à 7^m 45 — ce qui justifie l'observation de Belgrand — mais, à l'aube, elle n'atteignait déjà plus que 7^m 32.

« Si les eaux étaient devenues moins menaçantes, la rigueur du froid présentait un nouveau genre d'inquiétudes. Le 17, la rivière n'était plus qu'à 5^m 28, mais les glaçons s'accumulaient et occupaient déjà plus de 240 mètres, tant en amont qu'en aval du pont de Grammont.

« Comme on ne pouvait plus remonter de bateaux

vers la petite estacade, trente-six hommes furent employés pour rouvrir ce passage.

« Le 18, la rivière n'était plus qu'à 4^m 99, plusieurs chalands, chargés de vin, furent néanmoins brisés par les glaces.

« Au moment où les eaux étaient parvenues à leur plus grande hauteur, elles étaient à 2^m 90 au-dessus du sol de la rue Grange-aux-Meuniers, rive droite, au coin de la rue de Bercy; elles atteignaient l'angle de la rue de ce nom qu'elles occupaient entièrement; elles baignaient, à 200 mètres de distance de la barrière de Charenton, le pied du mur de soutènement de la chaussée, sur 1 mètre de hauteur, inondaient le boulevard extérieur jusqu'à 260 mètres de l'angle du pavillon de cette même barrière; elles couvraient le carrefour formé par cette rue et celle de Reuilly jusqu'à celui de la rue Beauvau et, suivant les rues Traversière et Saint-Nicolas, parvenaient jusqu'à la grande rue du Faubourg-Saint-Antoine.

« Quant à la rue de Charenton, elle fut couverte jusque un peu au delà de la rue Moreau, dans laquelle les eaux ne pénétrèrent que par la rue de Bercy et sur une longueur de 60 mètres.

« En redescendant vers la rivière, le cul-de-sac Saint-Claude servit de limites à l'inondation, ainsi que les murs du fossé de l'Arsenal et ceux des maisons et jardins bordant le Mail (île Louviers) dans toute sa longueur. Enfin, par l'égout de la rue du Petit-Musc, elle monta jusque dans la rue des Lions, intercepta

Crue de la Seine (janvier 1910). — Inondation de la rue de Lyon.

l'entrée de l'Arsenal et vint battre le pied de la chaussée de Grammont. De là, suivant le mur du quai des
Célestins, les eaux coupèrent la communication des
rues Saint-Paul, des Barres et de l'Étoile, avec le port
qui était totalement inondé. Sur le quai des Ormes et
tout le port de Grève, l'eau atteignait 2^m 32. Les rues
de la Mortellerie, des Barres, des Morts, de Longpont,
Grillée, Pernelle et des Audriettes, ainsi que la place
de Grève, jusqu'à l'entrée des rues de Martroy, du
Mouton, de Jean-de-l'Épine, de la Vannerie, de la
Tannerie et du quai Pelletier disparaissaient sous une
nappe d'eau de 20 centimètres de hauteur. On en
comptait 6 centimètres à l'angle de la rue Mouton,
1^m 24 sur la place, au coin de la rue de la Mortellerie,
et 1^m 58 au pied du socle qui termine le parapet du
quai Pelletier. En aval du Pont-Neuf, elles couvrirent
une grande partie du quai de l'École, l'embouchure de
la rue du Petit-Bourbon (la place du Louvre devant
la colonnade occupe une partie de son emplacement).

« Sur le quai du Louvre, elle atteignait par endroits
2^m 60, le quai des Bons-Hommes en était entièrement
couvert ainsi que le chemin de Versailles, au delà de
la barrière à l'angle de laquelle elle était élevée à
1^m 12. Quant aux autres parties de terrain comprises
entre la rivière et les points qu'on vient d'indiquer,
elles étaient complètement submergées. Par suite de
la rupture d'un égout, l'eau s'introduisit rues de Jérusalem et de Nazareth et couvrit une grande partie de
la cour de la préfecture de police.

« La situation sur la rive gauche n'était guère plus brillante. Entre les quais de la Rapée et de Bercy, l'eau s'était élevée à 2^m 50 et, occupant tout l'emplacement de la gare actuelle, longeait les murs de la Salpêtrière et une partie de la rue Poliveau. L'eau monta à 1^m 13 sur le port de pierre qui traverse la rivière de Bièvre, au port de l'Hôpital. Au jardin des Plantes, l'extrémité du trottoir qui règne le long de la terrasse de la ménagerie avait 40 centimètres d'eau.

« Les eaux de la Bièvre débordée pénétrèrent par l'égout de la rue Censier jusque dans les rues Mouffetard et de l'Oursine (rue Broca).

« Tout le quai Saint-Bernard jusqu'à la rue Cuvier, ainsi que la rue des Fossés-Saint-Bernard, disparaissaient sous 1^m 80 d'eau. Au delà du pont de la Tournelle, celle-ci pénétrait rues des Petits-Degrés, Pavée, des Rats, de la Bucherie, des Grands-Degrés, Perdue, de Bièvre, des Bernardins, place Maubert, où elle atteignait 47 centimètres, rues Saint-Victor, de la Montagne-Sainte-Geneviève, des Noyers, des Lavandières, Galande, des Trois-Portes, à l'extrémité de la rue du Fouarre donnant dans celle de la Bucherie. Le carrefour situé au bas de la place Saint-Michel en était couvert de 30 centimètres. Enfin, rue Saint-André-des-Arts et dans le bas des rues de la Vieille-Bouclerie et de la Huchette, ainsi que la partie du quai des Grands-Augustins située en face de la rue Gît-le-Cœur, on comptait 26 centimètres d'eau.

« Continuant en aval, les rues des Saints-Pères, de

Poitiers, de Lille, de Verneuil, de l'Université, du Bac, de Bellechasse jusqu'à la rue Saint-Dominique, le quai d'Orsay, l'Esplanade des Invalides; dans le quartier du Gros-Caillou, les rues Saint-Nicolas, de la Boucherie et de la Vierge, tous les jardins, marais et habitations compris entre le Champ-de-Mars, l'enclos de Grenelle et la barrière des Ministres, de même que l'île des Cygnes et l'avenue extérieure des Champs-Élysées, ne formaient plus qu'un vaste réseau de lacs que les rues, transformées en canaux, reliaient entre eux.

« Par les égouts, l'eau s'était étendue jusqu'à Saint-Philippe-du-Roule, dans les rues d'Anjou, de Pologne, Neuve-des-Mathurins et jusqu'à la rue Saint-Lazare, ainsi que dans la majeure partie des terrains situés entre les rues de la Pépinière, Saint-Lazare et la rue du Faubourg-Saint-Honoré.

« Au sud de Paris, c'est-à-dire sur la rive gauche, l'égout de la Seine inondait toute la rue de Seine comprise entre les rues Mazarine, de l'Échaudé et une grande partie de la rue de Marais. »

Telle est, d'après le mémoire de Bralle, l'importance de cette inondation de 1802, qui resta dans le souvenir des contemporains comme l'un des plus grands fléaux du siècle dernier.

CHAPITRE IX

LES INONDATIONS DU DIX=NEUVIÈME SIÈCLE

———

Les inondations du dix-neuvième siècle ne nous ont pas laissé le souvenir de celles des siècles antérieurs. Après 1658 et 1740, 1802 est peut-être la date la plus marquante dans la longue chronologie de tous ces cataclysmes successifs, mais il semble qu'à jouer avec le danger on finit par s'y habituer, et, comparant les débordements du fleuve les uns avec les autres, on arrive à se consoler en songeant aux grands désastres d'autrefois.

D'ailleurs, comme nous l'avons déjà dit, le nivellement des berges de la Seine, la construction de quais garnis de parapets, et leur rehaussement ont mis à peu près Paris à l'abri de semblables événements. La crue de 1807 présenta avec celle de 1802 plus d'un point de corrélation; seule la hauteur des eaux dans les endroits submergés fut moindre en 1807 que dans la crue précédente.

Ce fut l'ingénieur Egault, employé aux travaux du canal de l'Ourcq, qui fut chargé, par le ministre de l'intérieur, d'étudier cette inondation.

« Les eaux, écrit-il, se soutenaient à la hauteur de 4 mètres environ au Pont-Royal, lorsque, vers la mi-février, la neige se mit à tomber en grande abondance pendant deux jours, la rivière monta jusqu'au 3 mars à midi, et atteignit 6^m 66 au pont des Tournelles, 7^m 30 au Pont-Royal et 7^m 47 au pont de la Concorde. A ce moment, elle débordait au guichet Froidmanteau et baignait le mur de la galerie du Louvre, où il existe un repère de l'inondation de 1740. On constata qu'en 1807, les eaux s'étaient tenues à 90 centimètres au-dessous du repère de 1740.

« Les quartiers inondés furent, sur la rive droite, le boulevard extérieur, jusqu'à la barrière de Bercy, le quai de la Rapée, la rue Traversière, la rue du Chemin-Vert envahie par les eaux de l'égout des fossés de l'Arsenal, le quai Saint-Paul, le Port-au-Blé, la rue de la Mortellerie et la place de Grève jusque devant la rue de l'Épine, le quai de l'École, le port Saint-Nicolas et le guichet Froidmanteau, la rue Saint-Florentin où les eaux avaient reflué par l'égout de la place de la Concorde, le quai de la Conférence et une partie des Champs-Élysées, les rues du Faubourg-du-Roule, de l'Arcade, de la Pépinière et la rue Verte.

« Sur la rive gauche, le quai de la Salpêtrière, le quai Saint-Bernard et une partie de la rue de Seine (rue Cuvier), le Port-aux-Tuiles, la rue des Grands-Degrés et la place Maubert, une partie du quai des Augustins, la rue de Seine, le faubourg Saint-Germain, les rues de Poitiers, Bellechasse, de Bourgogne, l'Esplanade des Invalides, la rue de l'Université, le quartier du Gros-Caillou, le Champ de Mars et les marais de Grenelle. »

Cette inondation, d'après M. Lambert, n'aurait été que le produit des neiges de la Bourgogne. « Il ne s'en fallut, écrit-il, que de 3 pieds (0ᵐ 99) que les eaux ne s'élevassent à la hauteur de 1740; en sorte que si la Champagne avait produit autant de neige que sa superficie pouvait en recevoir, nous aurions vu les eaux, à coup sûr, couvrir la place du Palais Royal. »

En réalité, cette inondation de 1807 ne causa à Paris que peu de dommages, et les journaux du temps en font à peine mention. L'inondation de 1802 était encore présente à toutes les mémoires, et rien d'étonnant, dès lors, que celle de 1807, qui lui fut bien inférieure, n'ait pas autrement retenu l'attention de la presse contemporaine.

Dans les premiers jours de décembre 1807 une forte crue se renouvela encore. « Les eaux sont à une si grande hauteur, écrit M. Lambert, et il tombe une si grande quantité de neige, qu'il y a tout lieu de craindre que, dans une saison de l'hiver si peu avancée, on n'ait une inondation plus considérable peut-être que celle du 3 mars dernier. Déjà on commence à déménager les caves dans une partie du faubourg Saint-Germain. Avant-hier, les eaux atteignaient la dernière assise du pont des Arts, et étaient, à peu près, de 18 pieds (5ᵐ 94) à l'échelle graduée du pont des Tuileries. »

Heureusement, ce ne fut là qu'une alerte, un peu chaude, il est vrai, mais les eaux ne dépassèrent pas 4ᵐ 81 à l'étiage du pont de la Tournelle.

Les années 1809, 1811 et 1816 n'amenèrent guère que des eaux moyennes. Le 13 et le 14 janvier de la première de ces années les eaux montèrent à 5 mètres; le 20 janvier 1811, à 5ᵐ 34; seuls, les rez-de-chaussée des maisons situées au Port-au-Blé furent inondés; enfin, en 1816, le 20 janvier, elles atteignaient 5ᵐ 19 et, le 22 décembre de la même année, 5ᵐ 48.

Jusqu'en 1817, les crues ne dépassèrent pas la cote de 6 mètres à l'étiage du pont de la Tournelle.

En 1817, la Seine monta, le 13 mars, à 6ᵐ 30 au pont de la Tournelle et à 7 mètres au Pont-Royal. Le *Journal des Débats* écrit, à la date du 13 mars : « Dès hier, plusieurs points du faubourg Saint-Germain, de l'Esplanade des Invalides, du Champ de Mars et du quartier de la Pépinière étaient submergés. Mais ce commencement d'inondation a dû faire peu de progrès cette nuit; la cessation des pluies et l'état du ciel donnent tout sujet d'espérer qu'elle n'ira pas plus loin. » Et à la date du 14 : « Les inondations sont considérables au-dessus et en dessous de la capitale, mais la Seine baisse depuis hier d'une manière sensible. M. le maire de Bercy écrit que cette commune est à moitié submergée, et que les pertes qu'elle éprouvera sont énormes. Plus de 80 arpents de beaux marais plantés et ensemencés sont couverts de 6 pieds d'eau. »

En 1818, le 11 mars, l'eau atteignait 6 mètres au Pont-Royal, mais ce ne fut qu'un débordement, l'eau ne dépassant pas 5^m 20 au pont de la Tournelle. La fin de l'année 1819 et le commencement de 1820 furent mauvais. Les grosses eaux et les glaces inspirèrent de vives inquiétudes. Le 27 décembre, l'eau s'élevait à 6^m 50 au Pont-Royal. Le 28, elle augmenta encore et couvrit partiellement la place de Grève. Le 8 janvier, elle commença à charrier des glaces; le 11, celles-ci furent arrêtées et la rivière fut complètement prise, à l'exception du petit bras de la Seine, qui va du Pont-Neuf à l'Hôtel-Dieu. Le 19, la débâcle commençant, on prit les mesures de précaution que nécessitait la situation, et l'on installa, au-dessus des piles des principaux ponts, des moutons, afin de briser la glace. La débâcle s'étant produite dans la nuit, le 20, la Seine augmenta d'heure en heure, et, à midi, elle marquait 20 pieds (6^m 60) au Pont-au-Change.

Dix années se passent sans que la Seine donne à la population riveraine la moindre inquiétude.

Elle se réveille pourtant de sa torpeur en 1830, mais ce n'est qu'à la suite d'une débâcle. Le froid ayant été extrêmement vif, le fleuve fut pris le 28 décembre 1829, alors que sa hauteur n'atteignait que 1^m 20. Cette période de glace dura pendant un mois.

Le 26 janvier, la glace s'étant rompue brusquement, la Seine commença à charrier. L'estacade de l'île

Saint-Louis faillit être renversée, et celle de la gare de Grenelle, récemment construite, fut emportée.

Dès le début de la débâcle, l'eau marquait 4 mètres au pont de la Tournelle. Son maximum d'élévation ne dépassa pas 5ᵐ 70.

L'année 1836 se signala par un débordement assez rare, étant donnée l'époque tardive à laquelle il se produisit. La Seine ayant commencé à grossir le 5 mai, ne cessa de croître jusqu'au 10. Les eaux atteignirent, au pont de la Concorde, presque 8 mètres au-dessus des basses eaux. Le quai de Grève fut inondé, ainsi que les caves et les boutiques. L'eau vint jusqu'à l'entrée de la rue de la Mortellerie.

En décembre de la même année, il y eut une seconde crue, plus forte et plus longue que la première. Le 16 et le 17, l'eau s'éleva jusqu'à 6ᵐ 40 au pont de la Tournelle. Le 25 décembre, au matin, elle accusait 7ᵐ 20, mais le soir elle n'était déjà plus qu'à 7 mètres.

A la barrière de Sèvres, l'entrée dut être interdite aux voitures; quai Debilly, l'eau pénétra dans les bâtiments des magasins militaires; quai d'Orsay, le poste situé à l'angle de la rue de Bellechasse et du palais de la Légion d'honneur fut évacué. L'eau entra dans les rues de Poitiers, de Bellechasse, dans le palais de la Chambre des députés. La préfecture de police fut à son tour submergée par l'eau qui s'écoulait en flots de l'égout de la rue de Jérusalem, et toutes les basses salles de la Conciergerie et du palais de l'Institut furent inondées. L'eau arriva jusqu'au milieu de

la place de l'Hôtel-de-Ville, dans le ruisseau qui la traversait. On ne passait plus qu'en bateau rue de la Mortellerie; toute la pointe de l'île Louviers était noyée.
L'eau se précipitait dans le Jardin des Plantes en traversant le quai Saint-Bernard, où les bateaux étaient
à flot; les quais de la Rapée et d'Austerlitz étaient
couverts d'un bout à l'autre, et les caves de Bercy
étaient submergées.

Les 9 et 10 février 1839, on cotait 5ᵐ 12. En 1844,
le 29 février, 5 mètres; le 5 mars, 5ᵐ 97, et le 6 mars,
6ᵐ 60 et 6ᵐ 80. L'eau avait envahi les caves jusqu'au
Palais-Royal. Les quais de la Gare, de Bercy et de
Beaugrenelle étaient inondés. L'eau commençait à
s'étendre sur le quai de la Tournelle, au bout de la
rue de Bièvre. Le quai Saint-Paul, au bout de la rue
Saint-Paul, était transformé en gué, et les rez-de-
chaussée des boutiques situées au coin de ladite
rue et du quai furent, à leur tour, envahis par le flot.

L'année 1845 amena, avec elle, deux crues. La
première, qui se produisit en février, ne dépassa pas
5 mètres, mais offrit cette particularité d'avoir été
spontanée; la seconde, arrivée le 27 décembre, atteignit 5ᵐ 45. Il y eut encore deux autres crues en 1847
et 1848. La croissance de l'une s'arrêta, le 18 février,
à 5ᵐ 20, celle de l'autre, le 26 avril, à 5ᵐ 65.

Les inondations proprement dites se raréfient, et,
pendant plusieurs années, la Seine ne dépasse pas le
niveau des hautes eaux; aussi c'est à peine si Paris
s'aperçoit de ces derniers événements. Le 8 janvier

1850, l'eau atteignait 6^m 05; le 25 janvier 1852, 5^m 25, et le 5 janvier 1861, 6^m 42 au Pont-Royal, s'il faut en croire Belgrand. On le voit, ce ne sont là que des cotes très insignifiantes si on les compare avec celles des grandes crues antérieures.

L'inondation de septembre 1866 offre une particularité assez remarquable. D'après Belgrand, elle n'aurait été due qu'à une seule crue des affluents; celle qui présente le plus d'analogie avec elle est celle de 1836, bien que cette dernière ait atteint à Paris un niveau inférieur de 40 centimètres.

Les pluies qui ont donné lieu aux crues du mois de septembre 1866 se sont fait sentir sur toute l'étendue du bassin de la Seine.

En aval de Paris, on n'a eu à regretter aucune espèce de dégâts. Les divers cours d'eau ne se sont presque pas ressentis des pluies; enfin, auprès de la capitale, Bercy, Ivry et plusieurs autres bourgs ont été inondés, mais la ville elle-même n'a pas sensiblement souffert.

La cote la plus élevée a été atteinte le 28 septembre, elle marquait 5^m 20.

Il est à remarquer que les bas-ports de Paris étaient alors à 2^m 50, et les banquettes de halage à 3^m 55 au-dessus de l'étiage conventionnel de la Tournelle. Les caves du port de Bercy furent inondées, à l'aval, à la cote de 5^m 35; à l'amont, à 4 mètres.

Une autre crue se produisit le 17 décembre 1872, elle atteignit 5^m 85.

Nous arrivons maintenant à la crue de 1876, spécialement étudiée par MM. Belgrand et G. Lemoine.

« La crue de la Seine, écrit Belgrand, qui a atteint son maximum à Paris les 17 et 18 mars 1876, est véritablement une crue extraordinaire, la troisième de notre siècle, après celles de 1802 et 1807. Elle a atteint, aux principales échelles, les hauteurs suivantes : au pont d'Austerlitz, 6^m 68, au pont de la Tournelle, 6^m 50, et au Pont-Royal, 7^m 30.

« Cette inondation a été le résultat d'une série de crues successives des affluents torrentiels. Il n'y en eut pas moins de sept, produites par des pluies qui se sont continuées presque sans interruption du 12 février au 15 mars.

« Le niveau de la Seine s'est élevé d'une manière presque continue depuis le 15 février jusqu'au 17 mars. Le maximum a été atteint le 17, à 8 heures du soir.

« Les cotes de 6^m 68 et 6^m 46, respectivement relevées aux échelles du pont d'Austerlitz et du pont de la Tournelle, correspondent à des effets désastreux, qui se manifestent déjà à la cote de 5 mètres, au-dessus de l'étiage. Les rues basses de Grenelle, les quais de Bercy et d'Ivry étaient couverts d'eau; la hauteur de submersion du quai de Bercy, au moment du maximum, était d'environ 2 mètres.

« Dans le voisinage de Paris, la navigation a cessé le 21 février et a repris le 26 mars.

« Parmi les effets de la crue de 1876, il faut citer

Crue de la Seine (janvier 1910). — Inondation du quartier de la place Maubert.

encore les inondations souterraines qui se sont produites à Paris et dans les environs. Le nombre des
caves submergées par la crue de 1876 a été de 3.051.
Ces inondations sont dues non à la Seine, mais aux
nappes d'eau souterraines qui, refoulées par la crue
du fleuve, s'élèvent d'une manière considérable, et
s'abaissent toujours plus lentement que celles de la
Seine. »

Deux expériences fort intéressantes ont été faites,
cette même année, pour déterminer le débit du fleuve
à Paris. La Seine atteignant la cote 6^m 50 au pont de
la Tournelle, le débit était de 1.600 mètres cubes par
seconde. On a pu en déduire qu'en 1876, pendant les
cinquante-cinq jours que la crue a duré, la Seine a
débité 4 milliards 221 millions de mètres cubes d'eau.

Pour se faire une idée palpable de l'immensité de
ce chiffre, il faut s'imaginer un réservoir occupant
toute la superficie de la ville de Paris (7.802 hectares).
La Seine, pendant la crue de 1876, aurait rempli cet
énorme réservoir jusqu'à une hauteur de 60 mètres,
c'est-à-dire environ jusqu'à la hauteur des tours de
Notre-Dame.

L'année 1879 fut marquée par deux crues. La première, qui se produisit dans le mois de janvier, atteignait, le 9, 5^m 20. Ce ne fut, en somme, qu'une crue
insignifiante.

Il n'en fut pas de même du phénomène survenu au
mois de décembre, et qui est resté dans les mémoires,
sous le nom de « grand hiver 1879-1880 ».

L'ingénieur de Préaudeau nous en a laissé une relation très détaillée, dans les *Annales des Ponts et Chaussées :*

« La température du mois d'octobre 1879, écrit-il, avait été un peu au-dessous de la moyenne. Le froid avait continué en novembre et s'était accentué dans les derniers jours de ce mois, lorsque, le 5 décembre, une bourrasque de l'ouest produisit une baisse soudaine du baromètre, dont le minimum fut observé dans la nuit du 4 au 5 à Paris. Une neige abondante tomba sur toute la France, qui atteignit bientôt, dans les environs de Paris, une hauteur de 25 centimètres. Le froid redevint très rigoureux à partir du 7, et la température resta extrêmement basse jusqu'au 25 décembre. Elle descendit même, fait excessivement rare, le 10 décembre, à 24° 8, et se maintint pendant quinze jours à une moyenne inférieure à 8°.

« Le dégel commença, très brusquement, dans la nuit du 28 au 29, et les eaux se retirèrent lentement, dans toute l'étendue du bassin, pendant une bonne partie du mois de janvier.

« Ce dégel ne fut heureusement accompagné que de pluies disséminées et peu abondantes.

« Néanmoins, le service hydrographique put relever les cotes suivantes : Austerlitz, 5ᵐ 60 ; la Tournelle, 5ᵐ 40 et Pont-Royal, 6ᵐ 10. »

Une dernière crue de la Seine eut encore lieu pendant l'hiver 1882-1883 ; elle fut toutefois de moindre importance, et ne dépassa pas 5^m 84, le 7 décembre 1882, et 6 mètres, le 6 janvier 1883.

Depuis lors, la Seine semblait s'être définitivement assagie, baignant de ses eaux calmes les rives de la cité de Beauté, et rien ne faisait prévoir la terrible revanche qu'elle devait prendre près de trente ans après.

CHAPITRE X

LA CRUE DE 1910

Nous ne saurions relater ici les détails de la dernière inondation parisienne. Le sujet déborderait le cadre de ce modeste volume, et, d'ailleurs, le sinistre est trop récent pour pouvoir être jugé et commenté. Mais nous avons tenu, néanmoins, à en fixer les grandes lignes, afin de fournir au lecteur une échelle de comparaison avec les crues du passé.

Comme tous les débordements antérieurs, la crue de 1910 a été précédée d'une série de phénomènes météorologiques, dont la coïncidence a déterminé la croissance des eaux.

On admet que les grandes dépressions barométriques affectant les îles Britanniques et la mer du Nord sont, d'ordinaire, suivies de pluies sur le bassin de Paris. Une dépression se produisit le 17 janvier dernier. Elle persista jusqu'à la fin du mois. Des pluies continues se déversèrent sur la capitale, et la zone parisienne.

L'année 1909 avait été, en outre, très pluvieuse, spécialement l'automne, au cours duquel les journées froides furent rares. Il y avait donc eu saturation du sol, imperméabilisation des terrains perméables. La tiédeur de l'atmosphère, en janvier, précipita la fonte des neiges sur les hauteurs du bassin. Toutes les conditions étaient donc favorables au gonflement du fleuve.

Les rivières du Morvan, torrentielles par origine, donnèrent les premières. Le 20 janvier, la Seine élevait son plan d'eau de 70 centimètres. Cette crue aurait pu s'écouler sans encombre, mais la haute Seine entra en jeu. Les flots venus du plateau langrois maintinrent le niveau anormal du fleuve.

Presque simultanément, le grand et le petit Morin intervinrent à leur tour, causant une nouvelle hausse. Celle-ci suivait encore sa courbe ascensionnelle quand la Marne lança ses eaux dans le lit de la Seine.

La situation était critique. De nouvelles augmentations de l'Yonne, puis des deux Morin transformèrent le péril en désastre. Une seconde crue, après rabais sensible, se manifesta le 9 février.

Ainsi se vérifia, une fois de plus, la théorie de Belgrand, d'après laquelle : « 1º Toutes les rivières du bassin de Paris grossissent en même temps, et avec des intensités relatives sensiblement comparables; 2º les rivières torrentielles passent les premières à Paris; 3º les eaux des rivières paisibles maintiennent l'augmentation du plan d'eau ou l'élèvent. » Comme l'avait établi M. l'ingénieur en chef de Préaudeau, il a fallu d'abord trois jours un quart pour que les eaux des affluents supérieurs atteignent leur maximum à Paris, trois jours pour les flots de l'Yonne et des Morin, six pour ceux de la haute Marne. Dans la seconde période d'accroissement, l'afflux des torrents a succédé immédiatement à la crue des affluents paisibles. L'inondation de 1910 n'est donc venue infirmer en rien les lois hydrologiques reconnues par les élèves de Belgrand et Lemoine.

L'ÉTENDUE DU SINISTRE

Il ne saurait être question, pour l'heure, de tracer, comme l'a fait Buache, un croquis des zones où les caves seulement ont été envahies par les eaux. Du moins peut-on indiquer brièvement les quartiers submergés.

En Seine, aucun des ponts n'a été rompu par les eaux. L'estacade Saint-Louis, malgré sa vétusté, a résisté à la pression des bois qui s'étaient accumulés contre ses assises.

Tous les bas quais du fleuve ont été inondés.

Le jardin du Vert-Galant, au pied du Pont-Neuf, l'île des Cygnes en sa partie centrale, ont été également recouverts par le flot.

Sur la rive gauche, l'eau a envahi la gare d'Ivry-marchandises, et le périmètre compris entre la Seine, les fortifications, la rue du Chevaleret incluse, le boulevard de la Gare (quartier de la Gare); l'asile de la Salpêtrière, la gare d'Austerlitz, la partie du Jardin

des Plantes voisine de la place Valhubert; une partie
du quartier Saint-Marcel entre les boulevards de
l'Hôpital, Saint-Marcel, l'avenue des Gobelins, les
rues Censier et Buffon; la rue Cuvier, la bordure de
l'entrepôt du quai Saint-Bernard; les rues des Fossés-
Saint-Bernard, des Chantiers, Cardinal-Lemoine; les
rues comprises entre la Seine et le boulevard Saint-
Germain, du pont Sully à la rue de La Harpe; certaines maisons sises à gauche du boulevard Saint-
Germain, vers la place Maubert; le périmètre compris
entre la place Saint-André-des-Arts, la rue Saint-
André-des-Arts, la rue des Grands-Augustins et la rue
du Pont-de-Lodi; les rues Mazarine, de Seine, Jacob,
Bonaparte, des Saints-Pères, de Lille, de Verneuil, de
l'Université, de Bellechasse, et le périmètre compris
entre la gare d'Orsay, la Seine, le boulevard Saint-Germain, la rue Saint-Dominique, l'Esplanade des Invalides (rues de Bourgogne, Palais-Bourbon, Affaires
étrangères); les lignes d'Orléans et des Invalides,
celle-ci jusqu'à Javel; le Gros-Caillou, de la Seine à la
rue Saint-Dominique environ et au Champ-de-Mars;
Grenelle et Javel, entre le fleuve, l'avenue de Suffren,
les rues Dupleix, de Lourmel, de Javel, de la Croix-
Nivert et Lecourbe, moins la rue de la Convention
vers le quai.

La rive droite fut moins inondée. Cependant le
fleuve étendit ses rameaux jusqu'à la ligne de Lyon, —
et même au delà, — des fortifications au boulevard de
Bercy (quartier de Bercy), jusqu'à la rue de Charolais,

au boulevard Diderot, à la rue de Charenton, sur l'avenue Ledru-Rollin, au delà du faubourg Saint-Antoine, rue de Charonne, et dans les rues perpendiculaires au canal Saint-Martin (quartier Mazas).

Dans l'île Saint-Louis, la partie amont fut atteinte; de même, dans l'île Notre-Dame, les rues des Ursins, Chanoinesse, le quai aux Fleurs.

Aux Champs-Élysées, les abords du pavillon Ledoyen furent submergés. Noyés furent l'avenue Montaigne (en partie), le cours la Reine, les rues François Ier, Jean-Goujon, Bayard, Boccador, l'avenue d'Antin (en partie).

Le quai Debilly et la Manutention souffrirent particulièrement du fléau, qui porta ses ravages jusqu'à la rue Fresnel.

A Passy, le quai fut recouvert, ainsi que les parties basses des rues Beethoven, des Eaux, Berton, Guillou, du Ranelagh; les rues Gros, Félicien-David, des Pâtures, de Remusat, l'avenue de Versailles, les rues Diaz, Téniers, Van Loo, les jardins de Sainte-Périne à Auteuil. L'eau s'avança jusqu'à la rue La Fontaine. Elle baigna le boulevard Murat, jusqu'à la rue Maquet.

Une nappe se forma entre les rues de la Pépinière, d'Anjou et au delà, des Mathurins, Tronchet, le boulevard Haussmann, la rue Caumartin et la gare Saint-Lazare (infiltrations).

L'égout de Clichy, ayant cédé, détermina l'envahissement de la ligne de ceinture, de la place Pereire à la rue Guersant.

La banlieue ne fut pas moins éprouvée : Maisons-Alfort, Alfortville (eau venue par Villeneuve-Saint-Georges), Choisy-le-Roi, — de ce côté et jusqu'au confluent de la Marne, le flot s'est élevé à la cote de 35 mètres — une partie de Vitry, Ivry, Conflans, le Bas-Charenton. A l'aval, Billancourt, Issy-les-Moulineaux, Bas-Meudon, Boulogne, Bas-Sèvres, quais de Saint-Cloud, le bois de Boulogne (hippodrome de Longchamp), Bagatelle, Neuilly, Puteaux, Levallois-Perret, Asnières, Clichy, Saint-Ouen, l'île Saint-Denis, et, par suite de l'inondation de la digue, Gennevilliers, Bas-Argenteuil, Colombes, Nanterre, Chatou, Croissy et toutes les rives du fleuve vers l'aval. De ce côté, la cote 30 n'a guère été dépassée.

L'envahissement débuta, le 21 janvier, dans le tunnel en achèvement du boulevard Saint-Germain (Nord-Sud); l'égout passant au-dessus du souterrain entra en communication avec lui. Le 25, le fleuve noya le tunnel, et l'eau suivit la voie jusqu'à la gare Saint-Lazare.

Le maximum de la crue se produisit le 28 janvier, vers midi.

Voici, d'ailleurs, les cotes relevées à la Tournelle pendant la première crue, du 21 au 28 janvier, pendant le rabais, et durant la seconde crue :

	NIVEAU	BAISSE	HAUSSE
	m	m	m
20 janvier	3,80	»	»
21 —	4,62	»	0,82
22 —	5,77	»	1,15

	NIVEAU	BAISSE	HAUSSE
	m	m	m
23 —	6,08	»	0,31
24 —	6,65	»	0,57
25 —	6,92	»	0,27
26 —	7,39	»	0,47
27 —	8,10	»	0,71
28 —	8,50	»	0,40
29 —	8,32	0,18	»
30 —	8,10	0,22	»
31 —	7,96	0,14	»
1er février	7,48	0,48	»
2 —	7,06	0,42	»
3 —	6,48	0,58	»
4 —	5,66	0,82	»
5 —	4,92	0,74	»
6 —	4,42	0,50	»
7 —	4,30	0,12	»
8 —	4,43	»	0,13
9 —	4,61	»	0,18
10 —	4,82	»	0,21
11 —	5,00	»	0,20
12 —	5,22	»	0,22
13 —	5,25	»	0 03
14 —	5,18	0,07	»

Pendant la crue de 1910, comme pendant les précédentes, le plan d'eau n'a pas été toujours horizontal dans Paris.

Le plan d'écoulement a présenté la forme parabolique. Ceci tient aux obstacles rencontrés par le courant, et explique que des terrains élevés de Bercy aient été inondés, alors que d'autres en contre-bas, à Auteuil, étaient épargnés.

Le phénomène détermina, à Paris, des affouillements du sol, spécialement sur les hauts quais et aux
abords de la gare Saint-Lazare; en banlieue, les effondrements de maisons furent nombreux.

Le 4 février, les rues de la capitale étaient dégagées.
Certaines voies très basses ont, cependant, été noyées,
à nouveau, le 11 février (Auteuil).

Nous terminerons ces brèves notes sur la crue de
1910 en relevant qu'on estime à 3 milliards, en chiffres
ronds, les pertes de la région métropolitaine, Paris,
amont et aval.

CHAPITRE XI

LES PROJETS POUR ÉVITER LE RETOUR DES CRUES
(SEIZIÈME — DIX-NEUVIÈME SIÈCLES)

De longue date, on se préoccupa, à Paris, d'éviter à la capitale de futures inondations. L'idée d'un canal de dérivation à creuser comme lit jumeau du fleuve fut, si l'on en croit Champion, historien déjà ancien des inondations en France, émise en 1551.

Cinquante ans plus tard, en 1611, le sieur Cosnier proposait d'utiliser pour la navigation les fossés de circonvallation, de l'Arsenal à la porte Saint-Denis et aux Tuileries.

On se rappellera que la Seine avait occupé cet espace antérieurement à l'époque historique. « S'il plaît au Roy, disait Cosnier, le sieur Cosnier et autres gens solvables, ses associez, entreprendront de rendre les fossez de Paris navigables de 10 toizes de large et 5 pieds de profond, mesme aux plus grandes sécheresses, depuis le bout du fossé de l'Arsenal en Seyne jusques à la porte Saint-Denys, et de ladite porte au dessoulz des Thuilleries, suivant la moderne fortification enfermant les faubourgs Montmartre et Saint-

Honoré, en sorte que les plus grands bateaux pourront commodément naviguer. »

Le projet n'eut aucune suite. En 1636 et 1637, la Seine ayant de nouveau commis des méfaits, le sieur Villedo fut autorisé, par lettres patentes de Louis XIII, à construire un canal de l'Arsenal à la porte de la Conférence (Tuileries). L'opération fut tôt abandonnée, après des travaux coûteux.

La crue de 1651 détermina les Parisiens à faire entendre de nouvelles doléances. L'idée du canal reprit corps.

Guy Patin raconte qu'on pensa à détourner la Seine à l'amont de Paris au moyen d'un canal « commencé à la porte Saint-Antoine et en le conduisant par les portes du Temple, Saint-Martin, Saint-Denis, Montmartre, Richelieu, Saint-Honoré (à l'amorce de la rue Royale), jusqu'à la porte de la Conférence, un peu en deçà du cours la Reine (vers la Concorde actuelle).

Ce projet n'était autre que celui de Villedo. Certains lui préféraient une autre solution. Ils préconisaient l'établissement d'une large rigole de Saint-Maur à la Seine, entre Saint-Ouen et Saint-Denis.

Survient le sinistre de 1658. L'intendant général des fortifications, Pierre Petit, demande de protéger la ville contre toute crue à venir. Il propose de détourner la Seine avant son entrée à Paris, en continuant le canal commencé à la porte Saint-Antoine. « La voie, dit-il, devrait être creusée entre la pointe de l'Arsenal et le clos de la Rapée, à 250 toises du fossé de l'Arsenal, près de la maison de du Buisson. Elle se dirigerait presque en ligne droite, par le faubourg Saint-Antoine, jusqu'au Grand-Bastion, puis, par les lieux plus bas, vers le faubourg du Temple et jusque devant l'hôpital Saint-Louis, laisserait à gauche le grand égout passant sous la fausse porte Saint-Martin, et, empruntant enfin cette rigole, la suivrait jusqu'à la Savonnerie (Champs-Élysées). Sa largeur devrait être de 25 toises.

« Il serait loisible aussi de construire un canal empruntant le premier tracé jusqu'à l'hôpital Saint-Louis, longeant les Récollets, séparant les villages de la Villette et de la Chapelle, et gagnant, en ligne droite, le chemin et pavé de Saint-Denis, et, de là, la pointe de l'île Saint-Ouen ou de la Garenne. Il en coûterait 4 à 5 millions. »

Le rapporteur du projet, Georges Desnos, se prononça en faveur du premier tracé.

Le projet Petit devait, comme les précédents, rester dans les cartons. Buache ne le réédita pas à la suite de ses observations de la crue de 1740. Son collaborateur Deparcieux, qui fut chargé par l'Académie des sciences d'étudier seul la crue de 1764, trouva une formule nouvelle. Convaincu — et avec raison — qu'il fallait, avant tout, maîtriser la Marne et le grand Morin, il estimait nécessaire l'ouverture d'un canal de Gournay-sur-Marne à Saint-Denis, par Villemonble et Bondy.

Ce projet sera repris, à la suite des crues de 1802 et 1807, par Lambert, auquel un canal ne suffit plus, et qui en réclame deux : l'un de Neuilly-sur-Marne à Saint-Ouen par Rosny, Noisy-le-Sec et Pantin, franchissant en souterrain le canal de l'Ourcq; l'autre d'Ivry à Grenelle « en perçant la montagne Saint-Jacques du côté du Petit-Gentilly ». Cette solution fut vivement critiquée par un ingénieur du canal de l'Ourcq, M. Égault. « On provoquerait nécessairement, disait-il, un barrage à l'issue du canal, qui relèverait le plan d'eau du fleuve dans son cours antérieur. » M. Égault préférait le canal de Neuilly à Saint-Denis, mais, devant le coût de l'entreprise, se rabattait sur un exhaussement du sol parisien.

Peu de temps après, M. l'inspecteur Cordier, du corps des ponts et chaussées, proposait, dans le double but de remédier aux crues et glaces et d'améliorer la navigation, d'ouvrir dans la plaine d'Ivry un canal du Port-à-l'Anglais à la Gare et Grenelle. A vrai dire, ce projet tendait surtout au développement de la navigation batelière, car il fut restreint bientôt à la partie comprise entre Ivry et la gare, face à Bercy, d'une dépense de 17.072.000 francs.

En 1846, on pense de la théorie devoir passer à la pratique. Les vieux quais n'empêchant pas les débordements de la rivière et l'enserrant tout au contraire, on décide une réforme radicale. Abandonnant tout projet de canal, on ne conçoit de salut que dans l'encaissement de la Seine entre des murs élevés, l'exhaussement des berges, le dragage du lit, le creusement du petit bras, la modification des ponts. Ce programme fut exécuté de 1845 à 1855. Il n'empêcha pas la crue de 1864.

Néanmoins, l'ingénieur Belgrand, auquel il faut souvent revenir lorsqu'on parle de l'hydrologie séquanienne, ne vit de remède à la situation que dans l'exhaussement des quais, destinés à endiguer le fleuve, « attendu que le coût d'un canal de dérivation atteindrait au moins 50 millions ». Belgrand préconisait l'édification de quais dont la banquette correspondrait au niveau du plan d'eau de 1802. Cette hauteur, d'abord, serait notoirement insuffisante. En effet, en 1740, la crue s'était élevée de 45 centimètres de plus qu'en 1802. Ces banquettes eussent donc été submergées. La crue de 1658 avait encore été plus forte. On cotait $8^m 81$ à la Tournelle, pour $7^m 90$ en 1740. En 1615, la cote $9^m 04$ avait, dit-on, été atteinte.

M. Dansse, en 1856, faisait remarquer à l'Académie des sciences qu'une crue de $9^m 04$ couvrirait de $1^m 50$ d'eau la place de l'Hôtel-de-Ville, de $1^m 05$ la place du Palais-Royal, de $1^m 33$ la place de la Concorde, au coin de la rue Royale, de $3^m 25$ la rue de Bourgogne, au droit de la rue de Lille. Pourquoi Belgrand éliminait-il, par définition, la possibilité d'une crue comme celle de 1615 ?

Frappé de l'insuffisance du plan de Belgrand, un autre ingénieur, M. Mary, en 1867, reprit la thèse du canal.

Cliché Neurdein.

CRUE DE LA SEINE (janvier 1910). — Pavés de bois soulevés par l'inondation rues Jacob et Bonaparte.

Ce fut, toutefois, la Marne qui retint uniquement son attention. Il adopta un tracé partant de l'aval de Neuilly-sur-Marne, contournant Neuilly au nord-ouest, gagnant Gagny, franchissant en tunnel la ligne de Paris à Meaux, pour déboucher à Saint-Denis.

Il convient de remarquer, avec MM. Vélain et de Varigny, que cette solution n'est pas en contradiction avec les données de la géologie.

La Marne ne confluait pas, autrefois, à Charenton.

A l'époque de la préhistoire, elle quittait Meaux, baignait Cloyes, et, se dirigeant vers l'ouest, entre Sevran et Bondy, s'unissait à l'Oise dans le val d'Herblay, après avoir longé Saint-Denis, au nord, et séparé Argenteuil de Montmorency.

A cette date lointaine, la Seine coupait la plaine de Gennevilliers, dont le sol n'est que le résultat d'atterrissements quaternaires. La Marne, dans la suite, modifia son cours. Ayant érodé l'anse de Chelles, elle se heurta à un barrage, qui la détourna vers Bondy, entre Sevran et Le Raincy, où elle rejoignit son ancien lit. Enfin, elle se troua un chemin vers le sud, et vint confluer à Villeneuve-Saint-Georges. Une dernière aventure lui donna sa forme actuelle.

M. Mary ne proposait donc, en fait, qu'un retour vers le passé. Son projet n'était pas irréalisable, car les vallées de la Seine et de la Marne, entre Lagny et Villemonble, sont séparées par des collines qui ne dépassent guère 25 mètres de hauteur.

L'idée d'un canal ne devait, d'ailleurs, pas être

abandonnée. Plus près de nous, vers 1889, M. Gohierre, un ingénieur distingué, préconisa la construction d'un canal de Neuilly-Plaisance aux environs de La Frette, près d'Argenteuil. Le conseil général fit bon accueil à ses calculs, mais, pas plus que ses prédécesseurs, l'auteur ne réussit à voir ses plans mis à exécution.

Paris a payé cher, en 1910, l'imprévoyance de son gouvernement.

CHAPITRE XII

LA LUTTE CONTRE LES INONDATIONS

———

Brückner a formulé une loi, d'après laquelle, tous les quatorze ans, les saisons changent de caractère. Aux saisons chaudes et sèches succèdent des saisons pluvieuses et froides. Il n'y aurait donc aucune raison scientifique pour que le douloureux sinistre de 1910 ne se renouvelât pas à brève échéance. Nous ne saurions imiter l'imprévoyance de nos aïeux. A une époque dite de progrès, il est inadmissible que l'on oublie les enseignements du passé.

Il convient donc de rechercher quelles solutions permettront d'éviter à Paris et à sa banlieue le retour du fléau. Le ministre des travaux publics a si bien compris son devoir en l'occurrence qu'il a constitué une commission chargée de découvrir les moyens de défense propres à sauvegarder la capitale (31 janvier 1910).

Quels paraissent devoir être ces moyens?

On cite en première ligne le reboisement. Nous avons dit tout l'intérêt de cette mesure, dans une série d'articles publiés dans le *Journal des Débats* (avril-mai 1908). La déforestation n'a pas peu contribué à l'ampleur du phénomène de 1910. Mais le reboisement ne suffirait pas à supprimer les inondations. Les crues de 1658, 1760, 1802 se sont produites à une époque où la dénudation des bassins n'était pas systématique, et, d'ailleurs, les affluents torrentiels de l'Yonne proviennent de régions couvertes de frondaisons.

On parle également du regazonnement. Son utilité n'est pas niable. Les expériences de M. l'ingénieur Gaymard, dans les Alpes, ont prouvé que la couverture du sol retient une quantité considérable de liquide. Le gazon « habille le sol, s'oppose au ruissellement, inévitable si le sol est nu, et il absorbe la pluie à la façon d'une éponge ». Au contraire, les cultures n'emmagasinent pas l'eau, qui stagne, en flaques, dans toutes les dépressions.

Si les cultures sont en pente, le ruissellement s'opérera; si le terrain est gazonné, l'eau restera dans l'humus, et un certain équilibre sera maintenu. Mais, évidemment, il n'en sera ainsi qu'autant que les terrains ne seront pas saturés, car, dans cette alternative, le sol se comportera comme s'il était étanche, et la crue se manifestera après des pluies prolongées ou violentes.

Le gazonnement n'offre pas la panacée espérée. Les ingénieurs ont donc cherché une autre solution du problème; ils ont eu l'idée d'arrêter, dans les régions des sources, les eaux tributaires des fleuves au moyen de bassins de captage. Belgrand, en 1858, a fait édifier, dans cet esprit, le réservoir des Settons, sur la haute Cure.

Ce procédé a des avantages. Il tend à régulariser le débit des cours d'eau.

En 1711, près de La Roche, fut élevée la digue de Pinay, destinée à protéger Roanne contre les oscillations de la Loire. Il n'en coûta que 210.000 francs. Durant l'ascension de la crue, le barrage aide à l'inondation de la région amont; cela n'est pas douteux. Mais, lors du rabais, l'eau s'écoule peu à peu. A Roanne, la diminution de la hauteur du plan d'eau qui serait atteint est de 60 centimètres. La différence n'est point méprisable.

L'idée des réservoirs artificiels fit fureur de 1850 à 1870. Son application exige des éléments divers : un lieu préparé par la géologie, un territoire peu peuplé, des expropriations faciles et peu coûteuses. Ces conditions ne sont pas toujours conciliables. On a calculé que chaque mètre cube de capacité des réservoirs coûtait environ 15 centimes. Pour certains barrages, la dépense s'élèverait à 100 millions. On répondra que l'on préserverait ainsi bien des intérêts. Qu'on songe, toutefois, que, pour discipliner le fleuve parisien, il faudrait vingt-cinq ou trente de ces bassins. Notre budget comporterait-il un tel faix? Et le Parlement souscrirait-il jamais à un tel programme?

En outre, on a fait observer : 1º que le réservoir qui crève est dangereux, si dangereux que mieux vaut n'en pas avoir ; 2º que l'entretien en est coûteux, en raison de l'apport et du dépôt des limons dans la cuvette ; 3º qu'il doit être vidé à un moment donné. L'ingénieur de Mas a donc pu déclarer « la création d'un système de réservoirs irréalisable ».

Ce qui est vrai c'est que l'homme est tout aussi imprévoyant lorsqu'il supprime les étangs pour les cultiver que lorsqu'il coupe ses forêts protectrices. L'étang est un réservoir forgé par la nature, un régularisateur auquel il ne faut pas toucher.

L'art de l'ingénieur a trouvé d'autres remèdes aux inondations. On a pensé qu'en accélérant la vitesse de l'onde, on empêcherait les crues de se superposer. On préconise donc le système des curages fréquents. Les cours d'eau secondaires peuvent fort bien être dragués sans inconvénients. Comment, au contraire, curer une rivière comme la Seine, où la navigation est si intensive, si nécessaire à l'économie générale ?

Dans le même ordre d'idées, on a pratiqué des redressements ou coupures, à travers les méandres, pour réduire le cours. C'est, précisément, ce qu'on a fait pour la Theiss, affluent du Danube, sinueux au point que, dans une vallée de 560 kilomètres de longueur, il trouvait le moyen d'avoir 1.180 kilomètres de développement. On le raccourcit de 480 kilomètres, ce qui accéléra le cours des eaux. Cela n'empêcha pas Szégedin d'être ravagée en 1879.

Une autre théorie consiste à tracer au cours d'eau un lit bien déterminé, à lui donner, à côté de son lit mineur, un lit majeur, pour les grosses eaux, à l'enserrer entre des digues submersibles. C'est le procédé qui a été appliqué au Pô. Mais, a fait remarquer M. de Varigny, « le système des digues a rétréci le champ d'inondation. De là des crues plus fortes; d'où la nécessité d'exhausser les digues. Avant 1729, les plus hautes cotes étaient au-dessous de 7 mètres; de 1729 à 1809 la cote de 7 mètres a été dépassée sept fois; depuis 1810, celle de 8 mètres a été dépassée quinze fois. Et puis, les digues se rompent souvent. Aussi Belgrand s'est-il demandé si les avantages l'emportent sur les inconvénients.

« Réflexion que corroborent les faits observés sur la Theiss qui, elle aussi, est endiguée. Car la hauteur des crues, là encore, va croissant de plus de 2 mètres en quarante ans. Et l'exemple de la Loire n'est pas en tous points très encourageant; mais peut-être la méthode a-t-elle manqué? »

Néanmoins, Belgrand a conclu par la construction d'une ligne de parapets, ainsi que nous l'avons rappelé dans le chapitre précédent. Sa méthode n'a pas sauvé Paris de l'inondation. M. Francis Marre a défendu Belgrand, en disant qu'on n'aurait pas dû tolérer l'ouverture des lignes d'Orsay, des Invalides et du Nord-Sud, pas plus que le Métropolitain; que tout le dommage provenait de l'accroc fait à la cuirasse de Belgrand. Vraiment, est-il possible d'endiguer le progrès? Ne doit-on pas, au contraire, aller de l'avant, mais avec prévoyance et sagesse, et pallier, par avance, aux inconvénients qu'entraîne le progrès?

La gare Saint-Lazare eût été inondée vraisembla-blement sans le Nord-Sud. Elle l'avait été en 1802. Pour la rive gauche, l'eau n'y a que repris un chemin par lequel plus d'une fois elle avait passé.

Il faut donc, semble-t-il, en revenir aux bons vieux projets d'antan, susceptibles de dégager non seule-ment Paris, mais sa banlieue. Il faut ouvrir un canal partant de l'amont de Paris pour aboutir à l'aval, au delà des méandres du fleuve. Cela est d'autant plus nécessaire que l'édification des ports droits a rétréci le lit de la rivière, que les ponts obturent le cours, que les pontons font obstacle à l'écoulement des eaux.

Paris forme, dans l'ensemble de ses installations, un barrage au débit de la Seine. D'où, l'inondation de la banlieue amont, Maisons-Alfort, Villeneuve-Saint-Georges, Choisy-le-Roi, Alfortville, Ivry, Vitry.

Ouvrons un canal qui permettra le dégorgement de la plaine à l'amont de Paris. Cette voie aura l'avan-tage de préserver aussi, à l'aval, Boulogne, Issy, Meudon, Sèvres, Saint-Cloud, Levallois-Perret, As-nières, Colombes, Saint-Ouen.

Faudra-t-il faire passer le canal par le nord de Paris, avec Villedo, Petit et leurs imitateurs? ou par le sud, comme l'a proposé, en 1885, M. Bord, qui voulait envoyer les eaux captées à Achères? Peu importe. Ce qui est indispensable c'est que le dégagement soit fait, que la Marne et le grand Morin soient détournés, selon les besoins de la capitale.

M. Bartissol, député des Pyrénées-Orientales, l'a compris. Il vient de déposer sur le bureau de la Chambre le texte d'une loi ayant pour but de construire un canal de dérivation utilisant les fossés des fortifications de la rive gauche, de la porte d'Ivry à celle de Meudon; ce canal aurait 9 kilomètres de longueur avec un tunnel de 4.350 mètres sous Montrouge, le reste étant à ciel ouvert. La dépense est estimée par lui à 10 millions par kilomètre, soit 90 millions au total, mais elle serait en partie remboursée par les droits de péage imposés aux bateaux transitant par Paris, et par les redevances que paieraient les commerçants locataires des quais.

Et, peut-être, en fait, devra-t-on songer au projet de Bouquet de La Grye qui, en même temps qu'il eût fait de Paris un port maritime, nous eût protégés contre les extravagances du fleuve. Quoi qu'il en soit, il ne faut pas tergiverser. Nous prétendons asservir la nature, ne commençons pas par nous laisser asservir par elle.

TABLE DES MATIÈRES

Nancy, impr. Berger-Levrault et Cie

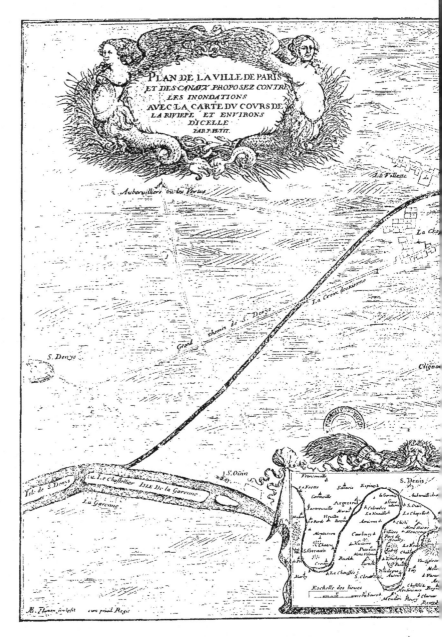

PLAN DE PARIS EN 1658, AVEC L'INDICATIO

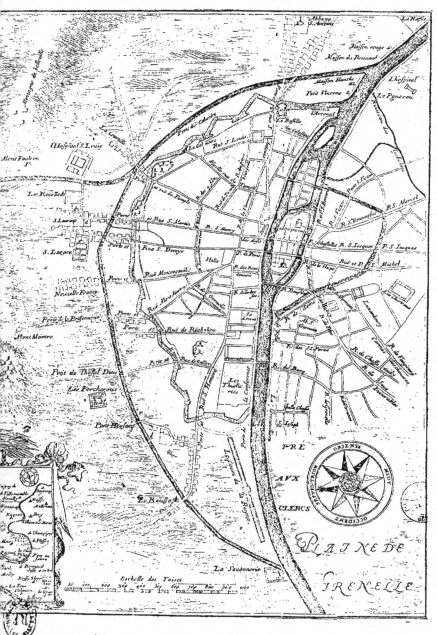

Abbaye S. Antoine

Maison rouge

Maison du Roussaut

Maison Blanche

Petit Vincere

L'hospital

Le Ponceau

Le Bastille

Rue L'estelin

L'Hospital S. Louis

Mont Faulcon

Porte du Calvaire

Le Col. rure

Rue S. Louis

Les Recollets

La Courtille

P. S. Morel

S. Laure

Porte et Rue S. Martin

R. S. Mery

R. S. Genevesue

R. S. Ceneseus

S. Lazare

Porte et

Rue S. Denys

Chastelet R. S. Jacques

P. S. Jacques

Nouvelle France

Porte et

Rue Moncorquil

Halle

R. des Brous

R. de la Harpe

Ruë et P. S. Michel

Porte et

Rue Mont Martre

La Croix

Porte et la Poissonerie

Mont Martre

Porte et

Ruë de Richelieu

R. du Barq

R. des SS. Peres

R. de Chasse midy

R. de

Porte de l'Hostel Dieu

Le Forcherons

Rue S. Honore

Les Thuileries

La Conference

Porte Hisson

Le Boussat

PRÉ

AUX

CLERCS

ORIENT

SEPTENTRION   MIDI

OCCIDENT

PLAINE DE

GRENELLE

La Saulnerie

Eschelle des Toises

100 200 300 400 500 600 700 800 900 1000

NAUX PROPOSÉS CONTRE LES INONDATIONS

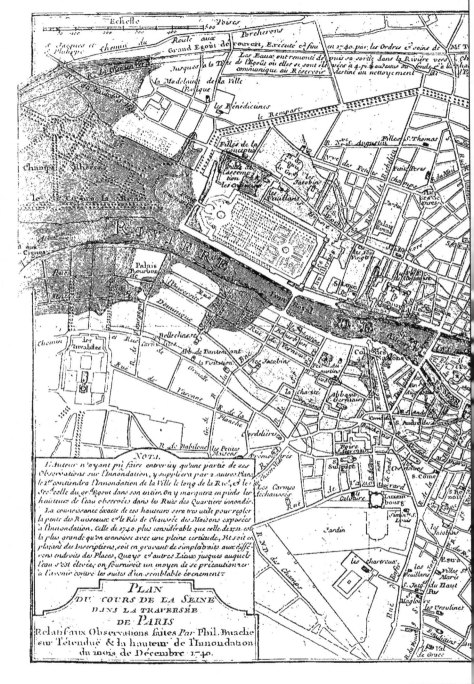

PLAN
DU COURS DE LA SEINE
DANS LA TRAVERSÉE
DE PARIS

Relatif aux Observations faites Par Phil. Buache
sur l'étendue & la hauteur de l'Innondation
du mois de Décembre 1740.

AVERTISSEMENT.

La partie du Plan chargée de hachures ondées désigne l'étendüe du terrain que la Rivière occupa dans les Places, Ruës et Maisons qu'elle innonda lors de la plus grande élevation des eaux arrivée, le 26. de décembre.

Les parties ombrées de la même force mais détachées du Lit de la Rivière indiquent les Lieux innondés par les Egouts. [marqués par une Etoile]

Les deux Lignes ponctuées entre lesquelles on a mis des hachures plus foibles qui s'étendent audelà du Terrain innondé montrent jusqu'où l'eau a pénetré par dessous terre et a rempli les caves; ce qui doit s'entendre du tems auquel le débordement étoit comme Stationnaire. Car immediatement après et pendant sa diminution presque toutes les caves de la Ville ont été remplies.

Renvoy de l'Isle du Palais.
1 Les Barnabites.
2 S. Barthelemy.
3 La S. Chapelle.
4 S. Christophle.
5 S. Croix.
6 S. Denis de la Chartre.
   Enfans trouvés.
7 S. Geneviève des Ardens.
9 S. Germain le Vieil
10 le Hotel-Dieu
11 S. Landry.
12 La Madelaine.
13 S. Marine.
14 S. Michel.
17 S. Pierre des Arcis.
16 S. Pierre aux Boeufs.
17 S. Symphorien.
18 S. Jean le Rond.

19 S. Jacques de la Boucherie.
   le cloistre des Ponts
   de la Chartre a été innondé.

Durbuisson Sculp.

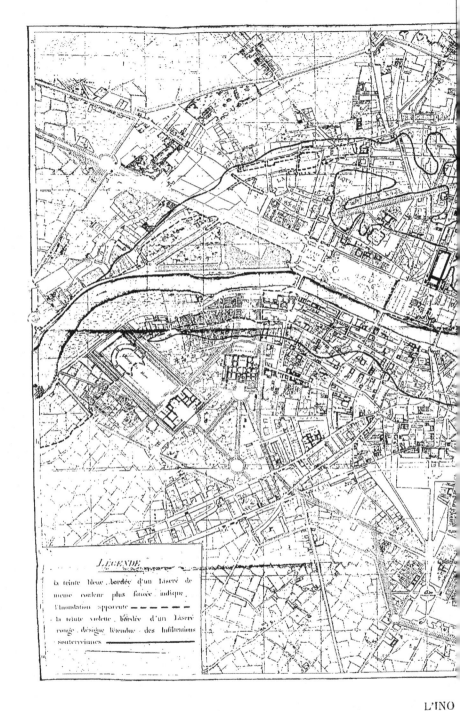

LÉGENDE

La teinte bleue bordée d'un liséré de même couleur plus foncée indique l'inondation apparente ━━━━━
La teinte violette bordée d'un liséré rouge désigne l'étendue des infiltrations souterraines ━━━━━

L'INO

(Le liséré bleu de l'original, dont il est question dans la légende, est rep

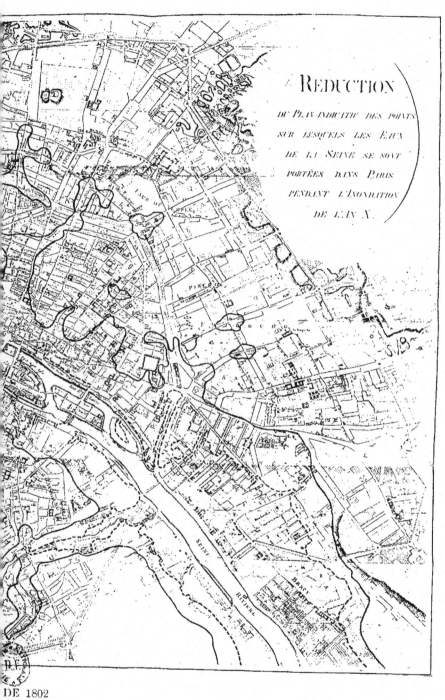

REDUCTION
DU PLAN INDICATIF DES POINTS
SUR LESQUELS LES EAUX
DE LA SEINE SE SONT
PORTÉES DANS PARIS
PENDANT L'INONDATION
DE L'AN X.

DE 1802

e plan ci-dessus par un trait pointillé, et le liseré rouge par un trait plein.)

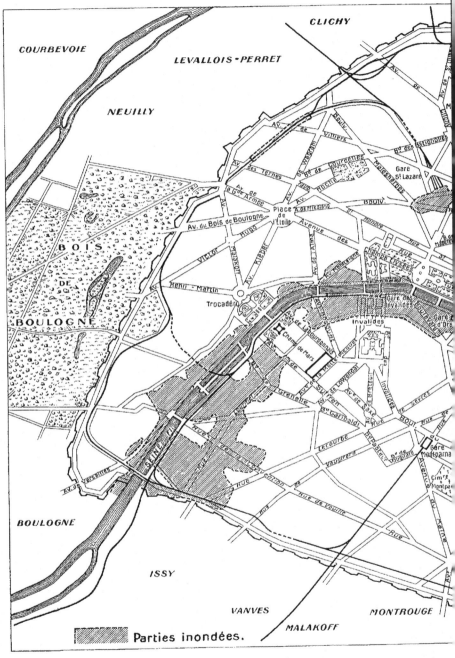

COURBEVOIE

LEVALLOIS-PERRET

CLICHY

NEUILLY

BOIS

DE

BOULOGNE

Trocadéro

Place de l'Étoile

Gare St Lazare

Gare des Invalides

Gare d'Orsay

Invalides

Champ de Mars

SEINE

Gare Montparna

Cim.ᵉ Montpar

BOULOGNE

ISSY

VANVES

MALAKOFF

MONTROUGE

Parties inondées.

L'INONDA

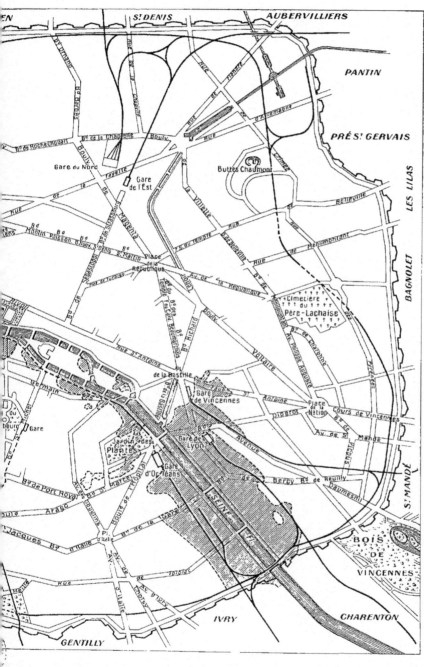

1910

ARDOUIN-DUMAZET

VOYAGE EN FRANCE

Région parisienne :

— *42e série :* I. **Nord-Est : Le Valois.** 1905. Avec 21 cartes.

— *43e série :* II. **Est : La Brie.** 1906. Avec 23 cartes.

— *44e série :* III. **Sud : Gâtinais français et Haute-Beauce.** 1906. Avec 19 cartes dont un grand plan de la forêt de Fontainebleau.

— *45e série :* IV. **Sud-Ouest : Versailles et le Hurepoix.** 1907. Avec 18 cartes.

— *46e série :* V. **Nord-Ouest : La Seine de Paris à la mer. Parisis et Vexin français.** 1907. Avec 17 cartes dont deux grands dépliants en couleurs pour le cours de la Seine entre Paris et la mer.

— *47e série :* VI. **Ouest : L'Yveline et le Mantois.** 1907. Avec 13 cartes, dont deux grandes pour les forêts de Rambouillet, de Saint-Germain et Marly.

Chaque volume in-12 d'environ 400 pages, broché. . . . . **3 fr. 50**
Relié en percaline gaufrée. . . . . **4 fr.**

Le Domaine des Hospices de Paris *depuis la Révolution jusqu'à la troisième République,* par Amédée BONDE, chef de service à l'administration générale de l'Assistance publique de Paris. Préface de M. G. MESUREUR, directeur de l'administration générale de l'Assistance publique de Paris. 1906. Un volume grand in-8 de 342 pages, broché. . . . . **6 fr.**

L'Assistance publique à Paris. *Ses bienfaiteurs et sa fortune mobilière.* État publié par ordre de M. G. MESUREUR, ancien ministre, directeur de l'administration générale de l'Assistance publique à Paris, par M. MARESCOT DU THILLEUL, receveur de l'administration générale de l'Assistance publique à Paris. — I. Hôpitaux et Hospices. — II. Pauvres secourus à domicile. 1904. Deux volumes grand in-8 de 1759 pages, brochés. . . . . **15 fr.**

De l'Assistance publique à Paris, par Paul FELLET, ancien chef de cabinet du préfet de la Seine. Avec préface par M. STRAUSS, membre du conseil municipal. 1888. Un volume grand in-8, broché . . . . **3 fr.**

L'Œuvre de l'Assistance publique à Paris contre la Tuberculose (1896-1905). *Congrès international de la tuberculose.* 1905. Un volume grand in-8 de 105 pages, avec 34 gravures, broché. . . . . **1 fr.**

Les Archives de l'Assistance publique de Paris. *Une addition au fonds de l'Hôtel-Dieu.* 1905. Brochure grand in-8 de 55 pages. . . . . **50 c.**

Les Grandes Fondations de l'Assistance publique de Paris. *La Fondation Debrousse (1892-1908).* 1908. Un volume grand in-8 de 80 pages, avec 17 illustrations et un plan hors texte, broché . . . . **1 fr.**

Les Écoles professionnelles du service des Enfants assistés de la Seine. *L'École d'Alembert à Montevrain.* 1909. Grand in-8, avec 20 gravures et 2 plans, broché . . . . **1 fr.**

La France d'aujourd'hui et la France de demain. *Études sociologiques,* par Jules D'AURIAC, ancien préfet, consul général de France. Nouvelle édition revue et augmentée. 1908. Un volume in-12, broché. . . . . **2 fr. 50**

La Grande Nation. *Études sociologiques,* par le même. 1910. Un volume in-12, broché. . . . . **2 fr.**

Le Traité de Francfort. *Étude d'histoire diplomatique et de droit international,* par Gaston MAY, professeur à l'Université de Paris. 1910. Un volume in-8 de 350 pages, avec 3 cartes dans le texte, broché . . . . **6 fr.**

CPSIA information can be obtained
at www.ICGtesting.com
Printed in the USA
BVOW08s1949020318
509563BV00002B/7/P